청소년들의 진로와 직업 탐색을 위한
잡프러포즈 시리즈 05

목소리로
세상을 두드리는

성우

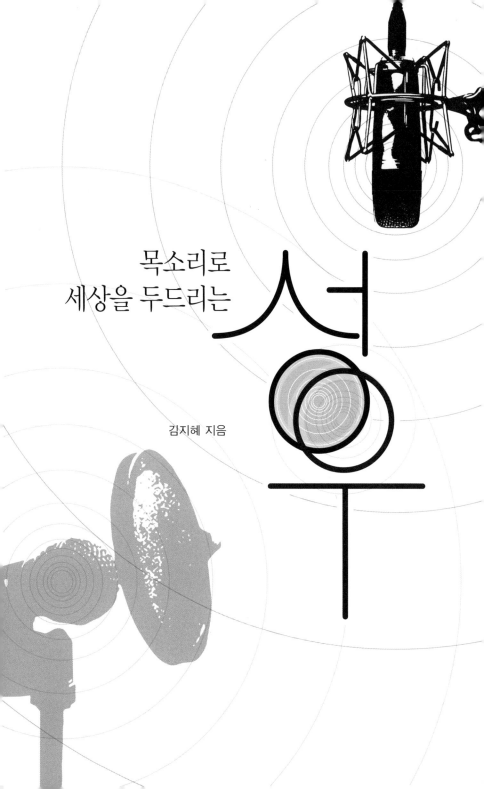

목소리로
세상을 두드리는 성우

김지혜 지음

인생을 돈벌이에만 집중하는 것은
야망의 빈곤을 보여주는 것이다.
네 스스로에게 너무 적은 것을 요구하는 것이다.
야망을 가지고 더 큰 뜻을 이루고자 할 때에야
비로소 진정한 자신의 잠재력을
실현할 수 있기 때문이다.

– 버락 오바마 Barack Obama –

가지고 있는 어떤 재주든 사용하라.
노래를 가장 잘하는 새들만 지저귀면
숲은 너무도 적막할 것이다.

— 헨리 반 다이크 Henry Van Dyke —

C·O·N·T·E·N·T·S

C·O·N·T·E·N·T·S

성우가 되면

소리로 만드는 세계

성우를 꿈꾸는 여러분

이렇게 펜을 드니 처음 저를 찾아왔던 성우 지망생 J의 눈망울이 또렷이 기억나네요. 저를 바라보는 눈빛에는 선망과 나도 할 수 있다는 의지와 희망이 실려 있었죠. 그 눈빛이 너무나 예쁘고 사랑스러워 전 J에게 모든 걸 다 쏟아붓고 싶다는 생각이 들었어요.

처음 성우가 되고 싶다는 생각을 했던 초등학교 2학년 때 저의 눈빛 역시 그러하지 않았을까요? 아마도 누구보다 강렬했던 의지 덕분에 성우가 되는 어려운 길을 포기하지 않고 끝까지 갈 수 있었던 것 같아요.

그래서 저를 찾아오는 많은 지망생들 가운데 가끔 이런 강렬한 눈빛을 만나면 과거의 저를 보는 것 같아 행복한 느낌이 들어요. 무엇이든 간절하게 하고 싶은 일이 있고, 거기에 온 정신을 집중한다는 것은 행복 그 자체이기 때문이죠.

또 그렇기 때문에 어떤 일을 이루기를 간절히 바라는 사람은 그 과정이 아무리 험난하더라도 행복하게 앞으로 나아갈 수 있어요. 만약 지금 하는

pose!

일이 그저 힘들기만 하다면 정말로 그 일을 간절히 원하는지, 거기에 미쳐있는지 한 번쯤 진지하게 생각해 볼 일이죠.

연기공부는 제대로만 하면 인생과 사람과 나를 알아가는 참 즐거운 공부예요. 그중에서도 성우 연기는 영화나 만화, 드라마, CF에 등장하는 수많은 캐릭터의 생각을 내 입을 통해 전달하는 환상적인 연기예요. 내가 영화와 애니메이션의 등장인물이 되고, 광고 속의 주인공이 되는 거죠.

현실 세계에서는 일어날 수 없는 일들도 영화나 애니메이션에서는 얼마든지 벌어지잖아요. 성우들은 매일 이런 일들을 경험하면서 살아가니 얼마나 신나고 재미있겠어요? 게다가 이렇게 즐겁게 연기를 하면서 돈도 벌 수 있으니 이보다 더 좋은 직업이 있을까 싶어요.

하지만 이렇게 많은 캐릭터를 연기하는 성우가 되기 위해서는 그만큼 많은 사람들의 삶을 이해하고 무수히 많은 감정을 공감할 수 있는 연기자가 되어야 해요. 더불어 내 목소리를 통해서 그 영혼을 전달할 수 있는 전달자가 되어야 하죠. 매우 어려운 일이지만 그래서 더 즐겁고 가치 있는 일이 아닐까 생각해요.

성우는 단순히 예쁘게 말하는 사람이 아니라 건강한 목소리로 생각과 영혼을 담아 말하는 사람이에요. 성우를 꿈꾸는 여러분, 목소리에 영혼과 메시지를 담아 전달할 수 있도록 노력해 보세요. 아마 지금 활동하고 있는 성우보다 훨씬 더 훌륭한 성우가 될 수 있을 거예요.

토크쇼 편집자 – 편

성우 김지혜 – 김

편 선생님 안녕하세요.

김 안녕하세요.

편 먼저 선생님 소개를 부탁드려요.

김 저는 KBS 성우 김지혜입니다.

편 방송으로만 듣던 성우 목소리를 실제로 들으니 신기해요. 처음 만나는 사람들은 다들 놀랄 것 같은데 반응이 어때요?

김 성우라고 직업을 밝히지 않으면 아무런 얘기도 없다가 나중에 성우라고 하면 다들 어쩐지 목소리가 너무 남다르다고 얘기해요. 신기해하고, 목소리가 귀에 쏙쏙 박힌다는 얘기도 많이 하더라고요.

편 성우를 하신지는 얼마나 되셨나요?

김 1998년 1월에 대교방송 3기 성우로 입사했다가 바로 다음 해인 1999년에 KBS 27기 성우로 다시 입사를 했으니까 성우로 활동한 지는 20년이 되었네요.

편 이 직업을 선택한 이유가 있으신가요?

김 사실 저는 초등학교 2학년 때부터 성우가 꿈이었어요. 어렸을 때 부모님이 동화책 전집을 사주셨는데, 동화책을 읽어주는 녹음테이프가 함께 들어있었죠. 그 테이프를 들으며 책 읽어주는 성우 목소리에 매료되었어요. 책을 아름답고 멋지게 읽는 성우 목소리에 감동을 받아 따라 읽는 습관이 생겼고, 나도 나중에 크면 책을 멋지게 잘 읽는 성우가 되고 싶다고 생각했어요.

편 청소년들에게 이 직업을 프러포즈하는 이유는 뭔가요?

김 성우는 정말 특별한 직업이에요. 취미와 직업이 일치되는 직업이죠. 많은 사람들이 자신이 좋아하는 일을 하며 살길 바라지만, 실제로 좋아하는 일을 하면서 돈을 버는 직업을 갖고 있는 사람은 많지 않아요. 직업은 돈을 벌기 위한 수단으로 선택하고, 하고 싶은 일은 주로 취미생활에서 찾고 있죠.

하지만 성우는 내가 하고 싶은 일을 즐기면서 돈도 벌 수 있는 그야말로 직업과 취미가 일치된 특별한 직업이라고 할 수 있어요. 일을 하면서 스트레스가 풀린다고나 할까요? 이렇게 즐겁게 일하면서 수입도 좋은 직업이 있다는 걸 자라나는 많은 청소년들에게 알려주고 싶어요.

또 성우라는 직업에 관심을 갖고 있는 청소년들에게 성우가 어떤 직업인지 구체적으로 알려주고, 실제 현장에서 일어나는 얘기들을 들려주고 싶어요.

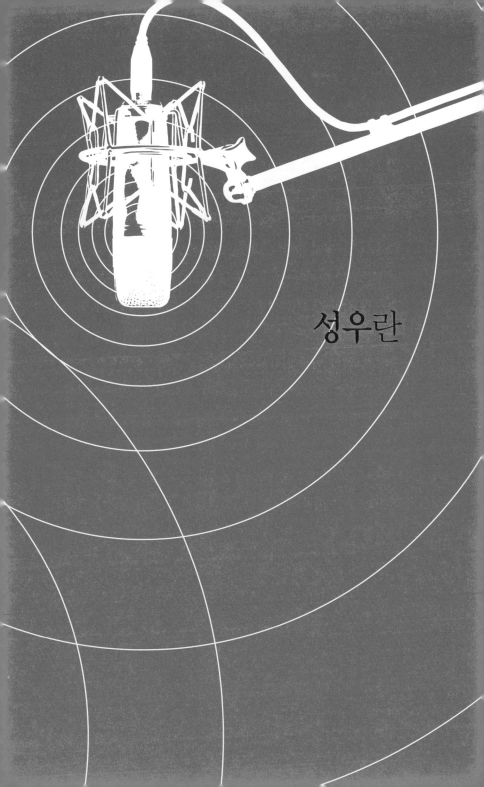

성우란

성우라는 직업에 대해 소개해주세요.

편 성우라는 직업을 한마디로 표현한다면 뭐라고 생각하세요?

김 성우를 영어로는 Voice Actor라고 해요. 다시 말해서 목소리 연기자라고 말할 수 있죠. 모습은 보이지 않고 목소리로만 연기하는 연기자예요. 그게 가장 직관적인 표현이고, 제일 맞는 말 같아요. 보통 방송인이라고 하는 분들이 많은데 사실 연기자에 가장 가까워요.

진로체험 현장에 가서 제가 중, 고등학교 학생들한테 성우가 뭐라고 생각하는지 물어보면 주로 책을 잘 읽는 사람이라고 대답해요. 무엇을 읽어준다는 생각을 많이 하는 것 같아요. 그 밖에 목소리가 좋은 사람, 발음이 좋은 사람이라고 하더라고요. 그런데 그런 쪽보다는 연기자에 제일 가깝다는 거죠. 모습은 보이지 않고, 오직 소리로만 모든 연기를 다 해내는 사람들이죠.

성우는 어떤 일을 하나요?

편 성우는 구체적으로 어떤 일을 하나요?

김 지금 아이들은 잘 모르겠지만 예전에는 라디오 드라마나 외화 더빙을 주로 했어요. 요즘에는 분야가 더 다양해져서 애니메이션이나 온라인 게임의 캐릭터 더빙, 동화, e-러닝, 광고, 각종 홍보물, 내비게이션 안내, 교통수단 안내방송, 기계음, 사내방송도 다 성우들이 녹음해요. 새로운 영역으로 그 범위가 계속 폭넓게 확장되어 가는 중이죠.

편 방송국 일이 가장 많은가요?

김 애니메이션이 많아지고, 게임시장도 굉장히 커졌기 때문에 이 분야의 일이 많아요. 게임 캐릭터 역시 애니메이션을 기반으로 하고 있고, e-러닝이나 교육용 교재도 캐릭터 위주로 진행되기 때문에 애니메이션을 더빙하는 성우들이 게임이나 교재 녹음 분야의 일까지 하고 있고요.

라디오 드라마도 있긴 있지만 일이 많지는 않아요. KBS는 라디오 채널이 몇 개 있기 때문에 아직도 매주 7~8편을 제작해요. 장애인방송, 국제방송, 한겨레방송 등에서 라디오 드라마가 계속 나오고 있어요.

그런데 그것도 점점 줄어들고 있는 상황이에요. 그래서 최근엔 라디오 드라마를 팟캐스트나 온라인 사이트 등에서 들을 수 있도록 하고 있는데, 인기 좋은 드라마는 조회 수도 많고, 팬들도 많이 생기고 있어서 라디오 드라마 제작은 계속 이어지지 않을까 생각합니다.

또 예전에 외화방송이 많았을 때는 외화 녹음이 많았었는데, 지금은 방송국에서 외화방송을 많이 안 하잖아요. 그래서 예전보다 외화 녹음이 많이 줄었어요. 외화 녹음의 경우 예전에는 비행기 안에서 보여주는 기내 영화 녹음이 가장 많았었는데, 최근 들어 넷플릭스와 같은 유료채널이 모든 영화에 더빙 서비스를 실시하면서 영화 더빙이 많아지고 있어요. 시청자에게 더빙판과 자막판의 선택권을 주는 서비스는 정말 좋다고 생각해요. 자막을 읽기 힘든 사람들에게도 영화를 편하게 볼 수 있는 권리는 있어야 하니까요.

할 수 있는 일이 굉장히 많은데
성우들은 왜 설자리가 없다고 하나요?

편 할 수 있는 일이 굉장히 많은데 성우들은 왜 설자리가 없다고 하나요?

김 일자리가 많지만 성우들이 그만큼 많아졌어요. 예전보다 훨씬 많은데 매년 또 늘어나죠. KBS가 2년에 한 번 12명씩, 대원방송이 5명에서 6명씩, 투니버스도 5명에서 6명씩, EBS도 2명에서 3명씩 채용해요. 유입은 계속돼서 성우들은 늘어나는데 정년이 없어 나가는 인원은 없다 보니 성우들 숫자는 점점 늘어나는 셈이죠.

일이 없다고 하는 분들 중엔 일반 직업군으로 봤을 때 퇴직해야 하는 나이대의 분들이 많아요. 성우라는 직업은 퇴직이라는 게 없으니 연세가 많은 분들은 일이 없는 것 같은 느낌을 받는 거죠. 왜냐하면 후배 성우들이 계속 늘어나고 있는 데다 외화는 굉장히 많이 없어진 반면 애니메이션이 많이 늘었거든요. 외화는 중장년층의 목소리가 많이 필요한 장르지만 애니메이션은 장르 자체가 젊은 층을 타깃으로 하기 때문에 20대 후배들의 신선한 감각을 더 선호하죠.

애니메이션 더빙을 주로 하는 친구들은 굉장히 바빠요. 하루에 몇 편씩 녹음하거든요. 케이블 채널은 애니메이션을 24시간 내내 방송하잖아요. 그러니 아무래도 일이 많을 수밖에 없죠.

일거리가 줄어들었다고 느끼는 또 하나의 이유는 예전엔 성우들만 했던 다큐멘터리 해설이나 더빙을 요즈음은 일반 배우나 가수, 아나운서 등 성우가 아닌 분들도 많이 참여하고 있기 때문이에요. 그리고 쇼오락 프로그램에서 중요한 역할을 했던 성우 멘트가 언제부터인지 자막으로 바뀌면서 성우 멘트가 많이 사라졌죠. 그래서 이 분야의 일들은 실제로 줄어든 게 사실이에요.

편 노인 역할은 연세 있는 분들이 하지 않나요?

김 그렇긴 하지만 애니메이션의 등장인물 자체가 젊은 층이 80% 정도를 차지하고, 나머지 20% 중에 할머니나 할아버지, 엄마, 아빠가 잠깐 등장해요.

반면 외화에는 중년층도 많이 등장해요. 그리고 외화에 등장하는 외국 연기자들은 외모가 성숙해 보이기 때문에 목소리도 성숙한 소리가 잘 어울려요. 너무 어린 목소리는 외화에 등장하면 화면에 있는 인물의 얼굴이랑 소리가 잘 안 맞거든요.

편 어린 목소리는 왜 외화에 어울리지 않나요?

김 왜냐하면 외국 배우들이 조숙해 보여서 그래요. 우리나라의 10대에 비해 외국 10대들은 더 나이 들어 보이잖아요. 그리고 외국 배우들은 목소리가 허스키한 경우가 많아요. 맑은 목소리가 별로 없어요. 그러다 보니 어린 목소리는 외화랑 어울리지가 않는 거죠. 연륜이 묻어나고 성숙한 목소리들이 외화와 잘 어울리는데 문제는 외화가 예전만큼 많지 않다는 거죠.

현역에서 활동하는 성우들이 얼마나 되나요?

편 현역에서 활동하는 성우들이 얼마나 되나요?

김 글쎄요. 현재까지 배출된 성우들 숫자는 모두 7백 명 정도 되는데, 그중에 지금은 활동을 안 하시는 원로 선생님들도 계시니까 활발히 활동하는 성우들은 3백 명 정도 되지 않을까 싶은데요.

성우는 대부분의 나라에 있는 직종인가요?

편 성우는 대부분의 나라에 있는 직종인가요?

김 네. 다른 나라들도 자국어를 보호하기 위해 수입된 영화들을 자국어로 더빙하여 방송하고 있어요. 특히 애니메이션은 더빙하지 않고서는 완성할 수 없기 때문에 성우라는 직업은 어느 나라나 있죠. 〈미세스 다웃파이어〉라는 영화를 보면 남자 주인공 로빈 윌리엄스가 만화를 더빙하는 성우로 등장해요. 이렇게 미국도, 유럽도, 아시아도 모두 성우라는 직업이 있어요.

외국의 성우들은 처우가 어떤가요?

편 외국의 성우들은 처우가 어떤가요?

김 일본의 경우 방송사에서 성우를 채용하지 않기 때문에 가수나 탤런트처럼 기획사와 에이전시에서 성우를 뽑아요. 기획사에서 자체 오디션을 통해 성우를 뽑아 교육을 시키죠. 잘하는 교육생은 기획사에서 스타 성우로 키워주기도 하고요. 그렇게 하고 있기 때문에 일본에서 활동하는 성우들은 굉장히 좋은 조건에서 일하고 있죠. 그 외에 미국이나 유럽은 배우와 성우를 겸하는 경우도 있고, 성우만 전문으로 하는 경우도 있는데, 그 처우에 대해서는 잘 모르겠네요.

성우라는 직업의 장점은 무엇인가요?

편 성우라는 직업의 장점은 무엇인가요?

김 요즘 사람들이 가장 원하는 일 중 하나는 취미와 직업이 일치하는 것이죠. 직업을 갖고 싶은데 그게 내가 하고 싶은 일이었으면 좋겠다는 애길 많이 해요. 그런 관점에서 볼 때 성우는 요즘 사람들이 원하는 직업이죠. 그게 최대의 장점이에요.

제 주위 사람들을 보면 다들 직업이 있지만 그것과는 별개로 취미를 따로 가져요. 왜냐하면 직업은 돈을 벌기 위한 수단

아산문화재단
KBS 성우 더빙쇼

일 뿐이고, 색다른 재미를 느끼지 못하니까요. 그래서 여가 시간에 레포츠를 즐기거나 낚시를 하기도 하죠.

저에게 성우라는 직업은 보수를 안 받아도 하고 싶은 일이에요. 너무 재밌으니까요. 취미 중에 제일 하고 싶어 하는 취미죠. 그런데 그것으로 돈도 벌 수 있으니 정말 이보다 더 좋을 수는 없죠. 취미와 직업이 일치할 수 있는 직업이에요.

저의 경우 연기하는 것 자체가 어떻게 보면 스트레스를 풀러가는 거예요. 당장 내일 녹음이 있다고 하면 빨리 내일이 왔으면 좋겠고, 하는 동안 즐겁고, 스트레스도 풀리고, 그러면서 돈도 벌 수 있는 거죠.

성우라는 직업의 단점에 대해 알려주세요.

편 성우라는 직업의 단점에 대해 알려주세요.

김 성우는 제작자로부터 캐스팅이 되어야 일을 할 수 있어요. 일을 많이 하고 싶어도 내 맘대로 할 수가 없죠. 캐스팅이 되려면 제작자가 원하는 실력을 갖추고 목소리 톤이 맞아야 하는데, 그게 쉽지가 않아요. 끊임없이 노력해서 자기 자신의 실력과 능력을 계속 업그레이드해야 하죠. 그렇지 않으면 일거리가 없을 수도 있어요.

또 프리랜서다 보니 직위 자체가 없고, 그래서 아무리 경력이 쌓여도 직위가 올라가지 않아요. 예전에는 몰랐는데 나이가 들다 보니 직위나 명예 같은 것이 중요하기도 하더라고요. 사회적인 위치라든가 남들이 나에게 불러주는 호칭 같은 것들도 무시 못 하잖아요. 그런데 나이가 들수록 일도 점점 줄어드는데, 사회적인 직위도 없으니까 생활이 자유로운 반면에 그런 점은 프리랜서의 아쉬운 부분이 아닐까 싶어요.

요즘 성우 연기의 추세는 어떤가요?

편 요즘 성우 연기의 추세는 어떤가요?

김 탤런트나 영화배우, 개그맨들의 연기도 그렇지만 성우 연기도 유행이 있어요. TV 드라마를 보면 아시겠지만 요즘 젊은 친구들의 연기와 중년 연기자들의 연기는 좀 달라요. 요즘 친구들은 확실히 더 감각적이고, 훨씬 더 리얼해요. 꾸밈이 없어요. 추세가 계속 그런 쪽으로 가는데 성우 연기도 마찬가지예요.

라디오 드라마 연기도 TV 드라마나 영화처럼 자연스럽고 리얼하게 하는 추세예요. 성우 연기라고 해서 목소리에 힘주면서 멋지게만 하지 않아요.

애니메이션의 경우도 마찬가지고요. 애니메이션이라고 해서 만화처럼 연기하지 않아요. 최대한 자연스럽게 실사처럼 연기하는 게 요즘 추세예요. 보통 성인 여자 성우가 여자아이나 남자아이 역할을 하는데, 최대한 진짜 아이가 하는 것처럼 자연스럽게 하려고 노력해요.

심지어 아이 역할을 성인 여자 성우가 하지 않고 실제 아이를 캐스팅하기도 해요. 지금은 과장된 연기보다 자연스러운 연기를 선호하기 때문이에요. 그래서 많은 성우들이 좀 더 리얼하고, 좀 더 자연스러운 캐릭터를 표현하기 위해서 노력하죠.

이렇게 달라지는 연기 추세는 성우 공채시험에서도 그대로 적용돼서, 신입 성우를 채용할 때 부자연스럽거나 과장되게 연기하는 사람은 채용하지 않아요. 애니메이션의 캐릭터에 잘 부합되면서도 연기나 감정이 자연스러워야 해요.

몇 년 안에 달라지는 트렌드를 예상해 본다면요?

편 몇 년 안에 달라지는 트렌드를 예상해 본다면요?

김 일단 방송환경의 변화를 얘기하지 않을 수 없을 거 같아요. 방송환경이 변하면 프로그램 제작방식이 바뀌고, 성우들이 하는 일도 바뀌니까요.

라디오 드라마의 경우, 드라마를 부활시키기 위해 여러 가지 시도를 하고 있어요. 예를 들면 웹툰이나 인기 있는 애니메이션을 라디오 드라마로 만들어 온라인상에서 판매하는 거예요. 실제로 얼마 전에 그렇게 판매를 했는데 엄청 잘 팔렸다는 얘기를 들었거든요.

또 KBS 라디오국에서는 제작한 라디오 드라마를 방송하는 것뿐 아니라 팟캐스트에 업로드해서 젊은 대중들과 가까워지려는 노력을 하고 있는데, 이것 역시 앞으로 라디오 드라마의 새로운 트렌드가 되지 않을까 싶어요.

그리고 요즘 쇼오락 프로그램을 보면 멘트가 거의 없어지고 대신 자막으로 나가잖아요. 그런 것도 변화 중에 하나예요. 그런데 최근에 〈복면가왕〉이란 프로그램에서 소개 멘트가 나왔어요. 굉장히 오랜만에 나온 거죠. 이런 변화가 단지 트렌드인지 아니면 계속될 것인지는 모르겠어요. 사람들이 식상해할 때쯤 되면 다시 바뀌기도 하고, 새로운 게 나오기도 하니 지금은 없어져도 나중엔 다시 생길지도 모르는 거죠.

애니메이션 쪽을 보자면, 디즈니나 픽사 애니메이션이 국내에 들어오면서 어린이 역할은 실제 어린이가 더빙을 하기 시작했어요. 미국에서는 어린이 역할을 어른이 하지 않거든요. 그래서 그쪽 제작사의 요구로 우리나라에서도 어린이가 더빙을 하게 된 거죠.

물론 어린이들이 아직 발음이나 연기가 미흡하기 때문에 성우 교육을 받은 소수의 아이들만 제작에 참여하고 있지만, 시청자 반응이 나쁘지 않아서 앞으로 어린이나 청소년의 참여가 점점 많아지지 않을까 싶어요. 그렇게 되면 어린이 성우나 청소년 성우라는 신종 직업이 생겨날 수도 있겠죠.

또 새로운 트렌드라고 한다면, 성우들이 다른 분야에서 다양한 활동을 하고 있다는 이야기를 할 수 있을 것 같아요. 최근에 투니버스나 대원방송 같은 애니메이션 전문 케이블 방송에서 성우를 채용하다 보니 다양한 재능을 가진 후배들이 많이 채용되더라고요.

예를 들면 요즈음 TV 예능 프로그램에서 인기를 얻고 있는 서유리 후배 같은 경우도 대원방송 성우로 들어와서 지금은 TV에서 여러 가지 다양한 활동을 하고 있잖아요. 그 외에 노래를 잘하는 남자 성우들 5명이 그룹을 만들어 앨범을 내기도 했어요. 또 아프리카TV 같은 웹 방송에서 방송을 만들기도 하고요.

장광 선배님 같은 경우는 영화에 출연해 영화배우로 인기를 얻고 계시죠. 또 뽀로로 목소리로 유명한 이선 선배님은 연극배우로서 활발히 활동하고 계세요. 이외에도 굉장히 많은 성우들이 성우뿐 아니라 다양한 분야로 활동 영역을 넓히고 있어서 앞으로는 더욱더 직업의 경계를 넘어선 활동들이 많아지리라고 생각해요.

미래에도 성우가 필요한 직업인가요?

편 미래에도 성우가 필요한 직업인가요?

김 네. 미래에도 성우는 분명히 필요한 직업이라고 생각해요. 애니메이션이 없어지지 않는 한, 모든 화면을 무음으로 듣지 않는 한 성우는 절대 없어지지 않는 직업일 거예요. 오히려 미래가 되면 성우의 영역이 더 넓어지고, 영역과 영역 사이의 경계는 점차 허물어질 거라고 생각해요.

예를 들면 지금 1인 방송을 많이 하잖아요. 성우나 아나운서, 리포터들이 직접 PD를 하면서 엔지니어까지 겸하면 본인이 찍고, 편집하고 더빙해서 방송을 만들어 송출까지 할 수 있지 않을까 생각해요. 진행이나 리포팅 능력, 취재력, 편집 기술들을 고루 익히면 굉장히 경쟁력 있는 성우가 되지 않을까요?

편 로봇이 사람을 대체하는 시대가 온다고 하는데 성우도 그럴까요? 로봇에 비해 어떤 경쟁력을 가지고 있나요?

김 제 생각엔 로봇이 아무리 발달하고 정교해진다고 해도 인간의 희로애락을 표현하는 연기는 대신 할 수 없지 않을까 싶은데요? 사실 지금도 음성인식 기계는 많이 보급되어 있어요. 문장을 입력하면 사람의 말소리로 바뀌어서 나오는 기계인데요. 매일 똑같이 나오는 안내방송 같은 것에서 많이 들어보셨을 거예요. 사람과 비슷하게 말하지만 약간 어색하죠? 요즘은 점차 기술이 좋아져서 굉장히 매끄럽게 나오긴 하더라고요. 그렇지만 음성인식 기계가 정보전달은 할 수 있을지 몰라도 사람의 감정을 미세하게 연기해야 하는 건 아마 절대로 할 수 없겠죠.

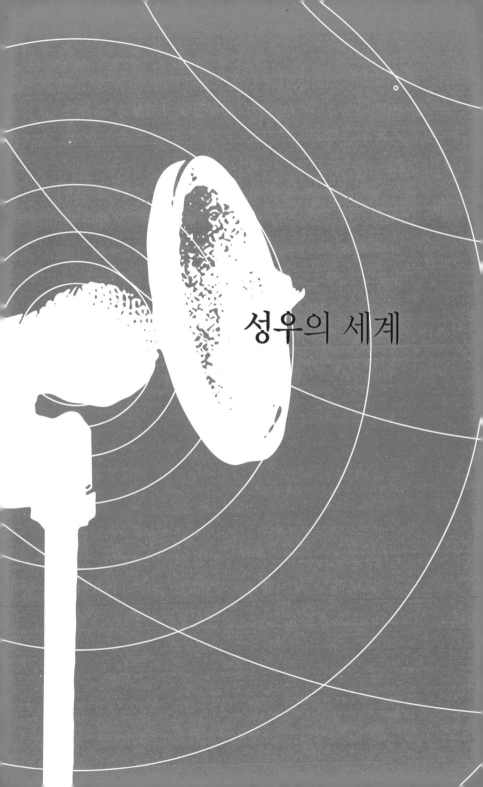

성우의 세계

성우만의 독특한 삶의 방식이 있나요?

편 성우만의 독특한 삶의 방식이 있나요?

김 확실히 구별되는 생활방식이나 패턴이라고 할만한 것은 없지만 성우들만이 가진 독특한 사고방식은 있는 거 같아요. 저도 성우들끼리만 있을 때는 잘 몰랐어요. 그러다 다른 직업군들의 사람들과 만나다 보니 확실히 다른 점이 있더라고요.

성우들은 100% 프리랜서이면서 어떻게 보면 모두 개인사업자거든요. 그래서 경쟁 구도에 익숙해 있어요. 능력이 없으면 당연히 도태되어야 하고, 내 능력만큼 버는 게 당연하다는 사고방식을 가지고 있죠. 이런 약육강식의 논리가 몸에 완전히 배어있다 보니 직장에 다니는 사람들과는 많이 다를 거예요.

당연히 살아남기 위해 자기 자신의 재능을 계속해서 키우며 치열하게 살고 있죠. 성우의 길에 들어서기 위해 방송국 시험을 볼 때부터 치열해요. 300대 1의 경쟁률을 뚫고 들어가야 하거든요. 또 들어가서는 스스로 배역을 따내야 하니 이미지 메이킹도 하고, 실력을 키우기 위해 끊임없이 노력하죠.

한마디로 프로의식이 몸에 배어있어요. 아무리 몸이 아프고 힘들어도 프로라면 견디고 일어나 방송을 해야 한다는 생각을 갖고 있거든요. 아마도 대부분의 프리랜서들은 그렇지 않을까 싶어요.

또 하나, 성우들만의 특색이라면 직업 자체가 표현하는 직업이다 보니 솔직하고 꾸밈없는 성격을 가지고 있어요. 어떻게 보면 순진할 정도로 계산적이지 못하죠. 계산적이면 연기를 잘할 수가 없거든요. 연기라는 것이 감정으로 하는 일이다 보니 자신의 감정을 숨기거나 억누르면 안돼요.

그래서 대체적으로 성우 일을 오래 하다 보면 감정이 점점 더 풍부해져서 별거 아닌 일에도 웃고 우는 등 감정 기복이 심해지기도 하죠. 남 앞에서 자신의 감정을 너무 가감 없이 드러내서 잘 모르는 사람들은 이상하게 쳐다보기도 하고요. 목소리도 남들보다 볼륨이 큰 데다 감정표현도 크고 정확하게 하니 일반사람들과 함께 있으면 분명 달라 보이긴 하는 것 같아요.

시간이 날 때는 어떤 일을 하나요?

편 시간이 날 때는 어떤 일을 하나요?

김 직업이 이렇다 보니 여유 시간이 많진 않지만 세간에 화제가 되는 드라마나 영화는 꼭 봐요. 연기를 어떻게 했나 보려고요. 전체적인 줄거리를 보고 '저 장면에서는 저 연기자가 저런 식으로 연기를 하는구나!'하며 보죠. 요즘 배우들의 표현 방식도 보고, 어떤 식으로 해석해서 어떻게 감정이 표출되는지도 보며 머릿속에 다 담아두죠.

작가들이 그런다고 하더라고요. 주변에 누가 무슨 이야기를 하면 그걸 수첩에 잘 기록해뒀다가 나중에 소설이나 드라마를 쓸 때 에피소드에 응용한다고 해요. 그런데 저희 같은 연기자들은 주변 사람들의 말투나 성격, 감정표현 같은 것들을 잘 봐 두었다가 나중에 연기할 때 그 말투나 성격들을 꺼내 쓰는 거죠.

한마디로 전쟁에 나가는 군인들이 총알을 장전해 놓는 것과 비슷해요. 머릿속에 많은 캐릭터들이 담겨 있지 않으면 어떤 배역이 주어졌을 때 꺼내 쓸 수 있는 인물이 많지 않아서 폭넓은 연기를 하기 힘들거든요. 그래서 드라마나 영화를 볼

때도 스토리보다는 배우의 연기나 감정선에 더 집중해서 보게
돼요.

성우들은 평소에도 과장된 표현을 하나요?

편 성우들은 평소에도 과장된 표현을 하나요?

김 주변에 표현이 좀 큰 사람들이 있잖아요. 음식이 좀 맛있으면 '와! 이거 진짜 죽이게 맛있네.'라고 하는 사람, '오늘 날씨 진짜 덥지 않냐? 죽을 뻔 했어.'라는 사람, 물건을 샀는데 좋으면 사방팔방 선전하는 사람들 말이에요.

성우들 중에 그런 성향을 가진 사람들이 많아요. 그런 성향을 처음부터 가졌다기보다는 성우라는 직업을 통해 정확한 표현을 많이 하다 보니까 차츰 생겨난 성향이라고도 할 수 있겠네요.

그런데 그렇게 느낌을 과장해서 표현하는 것에는 자신의 느낌이 맞는다는 확신과 자신감이 깔려있어요. 어떤 음식을 먹었는데, 정말 맛있다고 느끼면 확신에 의한 큰 표현이 나오는 거거든요.

자신의 생각을 크게 표현하지 않는 사람들의 내면을 들여다보면 '내 생각이 틀릴 수도 있어'라고 자신의 생각에 확신이 없는 경우가 많아요. 난 맛있다고 생각하지만 다른 사람은 그렇지 않을 수도 있다는 생각이 들면 과장되게 표현할 수 없죠.

다시 말해 성우들의 과장된 표현에는 내 생각에 대한 확실한 믿음이 깔려있어요. 이런 확실성은 연기할 때 필수적으로 가져야 할 사항이기 때문에 연기 생활을 오래하면 점점 쌓이게 되는 것이기도 해요. 배우가 자신이 하는 대사에 대한 확실성이 없으면 연기할 수가 없거든요.

훈련으로 좋은 목소리를 낼 수 있나요?

[편] 훈련으로 좋은 목소리를 낼 수 있나요?

[김] 좋은 목소리는 바꿔 말하면 좋지 않은 점이 없는 목소리라고 할 수 있을 거예요. 목소리에서 좋지 않은 점이라고 한다면 어떤 게 있을까요? 소리가 약하다거나, 잘 갈라진다거나, 잘 뒤집어진다거나, 혹은 소리가 작게 난다거나 하는 것이겠죠.

그러니까 좋은 목소리는 이와는 반대로 크고 울림이 있으며, 상대방 귀에 잘 들리게 나오면 좋은 목소리라고 할 수 있어요. 가끔 자신의 목소리가 맘에 들지 않는다고 문의하는 분들이 있는데요. 사실 목소리는 내가 원하는 대로 스타일링이 가능하기 때문에 선천적으로 건강하지 않은 부분이 없다면 내가 원하는 색깔로 만들 수 있어요.

물론 목소리마다 선천적인 특성은 있죠. 목소리는 굵기와 높낮이로 간단하게 분류할 수 있어요. 소리가 굵거나 가늘거나, 톤이 베이스 톤이거나 하이 톤이거나 하는 부분들은 선천적으로 성대의 모양에 따라서 결정되죠.

하지만 발성의 조절을 통해서 굵은 톤이지만 가늘게 낼 수도 있고, 가는 소리지만 굵게 만들어서 낼 수도 있어요. 또 낮은 톤이라도 가성과 호흡을 사용하면 높은 톤의 소리도 낼 수 있어요. 이런 훈련을 통해 변성이 가능하고, 자신의 목소리도 이미지 메이킹을 할 수가 있는 거죠.

그러니 성우들이 일인다역을 할 수 있는 거겠죠. 아역부터 노역까지 소리를 만들어서 연기를 하는데, 목소리의 변성이 안 된다면 그건 할 수 없는 일일 테니까요. 다시 말해서 좋은 목소리는 타고나기도 하지만, 후천적인 노력에 의해서 만들어질 수도 있어요.

목소리 관리는 어떻게 하나요?

편 건강관리도 중요할 것 같아요.

김 성우들의 경우 건강에 신경을 많이 써요. 성우뿐만 아니라 노래하는 사람이나 체육인처럼 신체를 이용하는 직업을 갖고 있는 분들은 거의 다 그렇겠죠.

일단 소리는 몸의 수분과 관련이 많아요. 그래서 물을 많이 마셔야 해요. 그리고 아침마다 홍삼 같은 건강식품, 영양제 등을 많이 챙겨 먹고요. 몸에 좋다는 음식들도 많이 먹죠.

일을 시작할 때부터 몸을 챙긴 건 아니에요. 그런데 이젠 챙길 수밖에 없어요. 일단 몸이 좋지 않으면 녹음이 안 되거든요. 목소리가 건조하면 소리가 갈라지고, 허스키한 목소리는 바로 녹음에 지장을 주기 때문이죠.

또 감기라도 걸리면 녹음을 할 수 없기 때문에 일을 쉬어야 하고요. 배탈이 나서 기운이 없으면 소리가 나오지 않기 때문에 역시 녹음을 할 수 없어요. 소리가 잘 나오지 않으면 그야말로 스트레스가 엄청나죠. 그래서 건강관리는 필수예요.

목소리가 건강하고 촉촉하게 나오려면 수분을 자주 섭취하고, 담배를 피우지 않는 등 건강관리에 신경을 많이 써야 해요. 저는 담배는 안 피우는데 술은 좀 즐기는 편이에요. 다행히도 숙취가 별로 없어 다음 날 큰 지장은 없어요. 지장이 있으면 못 먹죠.

편 목소리를 푸는 특별한 방법이 있나요?

김 성우들은 첫 타임으로 오전 10시 이후를 선호해요. 거의 모든 성우들이 이른 아침에는 일정을 잡지 않죠. 아무래도 아침에는 소리도 잘 안 나오고, 목도 잘 안 풀리니까요.

목소리를 풀기 위한 각자 나름의 방법이 있는데 저는 아침에 발성 연습으로 가볍게 노래를 한다거나 허밍을 많이 해요. 그리고 꼭 아침을 먹어요. 아침을 먹는 건 배가 고프지 않게 하기 위해서라기보다는 목소리에 에너지를 주고 윤택하게 만들어주기 위해서예요. 음식물이 목을 통해 넘어가면서 성대를 윤기 있게 만들어주고 배를 든든하게 해줌으로써 소리에 힘을 줄 수 있게 해주는 거죠.

목을 풀 때 조심해야 할 건 절대 목에 무리가 가면 안 된다는 거예요. 초보자들이 목을 잘못 풀다가 목이 상하거나 쉴 때도 있는데, 그건 발성 연습을 하지 않는 것만 못하죠. 그리고 사실 제일 중요한 건 평소의 건강 상태예요. 왜냐하면 소리는 건강하고 직결되어 있거든요. 어제 잠을 못 잤다거나 몸 상태가 안 좋다거나 하면 나오는 소리가 다르고, 나오는 에너지가 달라요.

성우의 목소리는 늙지 않나요?

편 성우의 목소리는 늙지 않나요?

김 인체의 여러 기관 중 가장 노화가 늦게 오는 부분이 성대라고 하더라고요. 예전에 핸드폰이 없었던 시절에는 집 전화로 가족을 찾는 전화가 오면 아들과 아빠의 목소리를 구분하지 못하거나, 엄마와 딸의 목소리를 구분하지 못해서 웃지 못할 해프닝이 벌어지곤 했었죠. 목소리는 잘 늙지 않아 목소리만으로 나이대를 구분하기는 어렵기 때문이에요.

그래서 나이가 들어도 어린 아역을 연기하는 성우들도 많이 있어요. 인기 애니메이션인 〈짱구는 못말려〉에서 짱구 역을 하는 박영남 선배님 같은 경우는 지금 연세가 70이 넘으셨어요. 이 사실을 알면 아이들이 깜짝 놀라죠.

사실 목소리 자체가 나이가 든다기보다는 말투나 속도에서 변화가 와요. 나이가 들면 살짝 톤이 낮아지고, 어미를 길게 발음하면서 전체적으로 말의 속도가 느려지게 돼요. 그래서 말투로 나이가 들었다는 걸 알 수 있게 되는데, 성우들 같은 경우는 여러 역할을 많이 하다 보니, 말투의 변화가 일반인들보다는 천천히 오는 것 같아요. 목소리에 실리는 에너지도 일반인들보다는 좀 더 강하기 때문에 더 젊은 소리를 유지하는 것 같기도 하고요.

연기자의 연기와 성우의 연기는 어떻게 다른가요?

편 연기자의 연기와 구별되는 점이 있나요?

김 첫 번째 다른 점은 연기자는 대사를 외워서 연기하고, 성우는 대사를 외우지 않고 대본을 보면서 연기를 한다는 점이에요. 언뜻 들으면 연기하는데 있어서 별 차이가 없어 보이지만, 아주 큰 차이가 있어요.

TV 연기자는 대본의 대사를 모두 외우고, 연기할 때 실제 장소에서 배역에 맞는 분장을 하고, 상대 배역과 리얼하게 연기하기 때문에 연기가 자연스럽게 잘 될 수 있는 상황이 만들어지죠.

하지만 성우는 대사를 외우지 않고, 눈으로 글자를 보면서 연기해야 해요. 게다가 스튜디오 안의 마이크 앞에 가만히 서서 연기를 하죠. 만약 전쟁 신을 연기한다고 했을 때 성우는 스튜디오 안을 전쟁터라고 상상해야 하고, 대사를 읽으면서 마치 머릿속에서 생각난 것처럼 상상해야 자연스러운 연기가 가능해요.

다시 말하면 성우 연기는 상상의 연기라고 할 수 있어요. 스튜디오 안을 다른 장소로 상상해야 하고, 외우지 않은 대사를 마치 외운 대사라고 상상해야 하고, 상대 배역과 실제로 어떤 동작을 하고 있다고 상상해야 하죠.

두 번째 다른 점은, 일반 배우들은 어떤 한 장면을 찍기 위해서 대사를 외우고 분장도 하고, 인물에 맞는 의상도 입고, 촬영 장소에 가서 몇 달씩 공을 들여 찍잖아요. 그런데 성우는 몇 시간 만에 영화 한편을 모두 더빙한다는 거예요.

예를 들어 장례식 장면이 있고, 그다음이 파티 장면이라면 울다가 웃기를 순식간에 바꿔줘야 해요. 이게 다른 사람이 볼 때는 '그냥 흉내만 대충 내면 되는 거 아냐' 할 수 있겠지만 그렇게 해서는 연기가 안 되거든요. 실제로 그 감정을 가지고 해야죠.

굉장히 빠른 순간에 감정이 들어갔다 나왔다 바꾸어야 해요. 순간적으로 확 몰입하는 거죠. 처음 들어온 후배들은 너무 힘들어해요. 저도 몸에 익기 전에는 그게 너무 힘들었어요. 감정몰입이 안 되니까 연기가 자연스럽지 않고 그냥 책을 읽는 수준인 거예요.

그래서 처음에는 선배들이 너무 신기했어요. 즐겁게 이야기하다 갑자기 눈물을 흘리니까요. 이런 순간적인 감정이입이 바로 성우들만이 가진 특이한 테크닉이면서 일반 연기자들의 연기와 구별되는 점이죠.

성우들은 일인다역을 해야 하나요?

편 성우들은 일인다역을 해야 하나요?

김 네. 성우 시험 자체가 아역부터 노역까지 다 해야 합격이 가능하거든요. 아역 한 가지만 잘해서는 시험에 붙을 수가 없어요. 성인역할도 해야 하고, 노역까지 해야 하죠. 그러므로 기본적으로 변성이 되어야 하고, 다양한 소리를 만들 수 있어야 해요.

예전에는 타고난 목소리 하나로 성우가 될 수 있었지만 지금은 어렵죠. 타고난 목소리로 성우가 되는 사람들도 간혹 있어요. 너무 잘해서 누가 들어도 탐낼 정도의 목소리를 가진 경우죠. 하지만 그런 케이스는 굉장히 드물어요. 지금은 일인다역을 소화해야 해요.

편 특정 연령대의 연기만 잘해서는 안 되나요?

김 성우 A, B가 있는데 A는 아역부터 노역까지 다 소화하고, B는 목소리는 굉장히 좋지만 아역밖에 못 해요. 만약 내가 PD라면 누굴 뽑겠어요? PD들도 가성비를 생각하기 때문에 한 명을 뽑아서 여러 역할에 쓸 수 있는 사람을 선호한단 말이에요.

그러니 다양한 역할을 소화하는 것이 기본이에요.

기억에 남는 전설적인 캐릭터가 있나요?

편 기억에 남는 전설적인 캐릭터가 있나요?

김 지금 아이들은 잘 모르겠지만, 예전에 제가 성우가 되고 싶었던 청소년기 때 굉장히 인기가 많았던 미국 드라마 〈맥가이버〉에서 맥가이버 역할을 맡았었던 성우 배한성 선배님이 기억에 남네요. 그땐 정말 맥가이버 열풍이었죠. 맥가이버 역할을 연기했던 배한성 선배님도 최고 인기 성우가 되었고요.

그 이후에 〈X-파일〉에서 스컬리와 멀더 역할을 했던 성우 서혜정 선배님과 이규화 선배님도 전설적인 캐릭터로 아직까지 사랑받고 있죠.

애니메이션 쪽에서는 지금까지 아이들의 우상인 〈짱구는 못말려〉의 짱구 역할을 하고 있는 박영남 선배님 역시 전설적인 분이에요. 오래전부터 애니메이션의 남자 아역 주인공을 도맡아 하셨죠. 연세가 70이 넘으셨지만 타고난 남자 아역 목소리와 말투를 갖고 있어서 누구도 그 아성을 깨뜨리기가 쉽지 않죠.

또 예전에 〈키트〉라는 영화에서 키트 역할을 했던 성우 이정구 선배님도 많은 사람들에게 사랑을 받았죠.

더 예전으로 거슬러 올라가 TV에서 외화 시리즈가 굉장한 인기를 모았을 때 활동하셨던 분들은 대부분 대중들의 사랑을 많이 받았던 거로 기억해요. 저 역시 그분들의 열혈 팬이었고요.

성우 배한성 선배님과
후배들과 함께

성취감을 느끼는 순간이 있나요?

[편] 성취감을 느끼는 순간이 있나요?

[김] 성우 일을 하는 거의 대부분의 순간 성취감을 느껴요. 이 성취감은 타인으로부터 얻어지는 건 아니에요. 내가 맡은 배역에 대한 연기, 혹은 표현이 내 생각대로 잘 되었을 때 엄청난 성취감이 느껴지죠.

아마 대부분의 예술 계통 일들이 그럴 거예요. 소설가가 어떤 소설을 완성 했을 때나, 작곡가가 음악 한 곡을 완성했을 때 성취감을 느끼는 것처럼, 성우도 영화 한 편의 더빙을 끝냈을 때나 라디오 드라마 녹음을 마쳤을 때 성취감과 카타르시스를 느끼죠.

그런데 만약 녹음한 작품이 대중에게 인기를 얻게 되면 그와는 다른 또 다른 성취감을 느끼게 되는 것 같아요. 대중의 피드백은 성우로서의 보람을 느끼게 해줘요. 더빙한 작품이 인기를 얻어서 팬들이 생기게 되면 성취감, 보람뿐 아니라 더 열심히 해야겠다는 책임감도 생기는 것 같아요.

성우가 되는 방법

성우가 되는 방법을 알려주세요.

편 성우가 되는 방법을 알려주세요.

김 한국성우협회의 정회원이 되어서 성우 활동을 하기 위해서는 각 방송사의 성우 공채시험에 합격해야 해요. 성우 공채시험은 현재 KBS, EBS, 투니버스, 대원방송, 대교방송 이렇게 5개 회사에서 실시하고 있는데 매년 채용하는 건 아니에요. KBS와 대원방송만 매년 공채 성우를 채용하고, 다른 곳들은 모두 2년에 한 번씩 공채 성우를 모집하고 있어요.

편 공채에 합격하면 성우가 되는 건가요?

김 각 방송사의 공채 성우 모집에 응시해 합격하면 2년간의 전속생활을 해요. 2년 동안 방송사의 소속 성우로서 활동하고 나야 한국성우협회의 정회원으로 등록되는 거예요. 그렇게 되면 정식 프리랜서 성우로서 다양한 활동을 할 수 있어요.

편 정회원으로 등록하지 않고 활동하는 성우들도 있나요?

김 성우협회의 정회원으로 등록이 되지 않으면 대한민국에서 인정하는 공식 성우라고 말하기 어려워요. 공채시험을 거치지 않은 개인이 성우라고 명함을 찍어서 다니는 사람들도 있어요. 일반적으로 언더그라운드 성우라고 부르는데 성우협회의 정회원은 언더그라운드 성우와 함께 녹음할 수 없다는 규정이 있어서 애니메이션 더빙이나 외화 녹음 같이 여럿이 함께 하는 성우 일은 할 수 없어요.

또, 성우협회의 공식 성우가 아니기 때문에 협회의 보호를 받을 수 없어요. 이는 곧 성우료를 제대로 받으며 일하기는 어렵다는 의미예요.

공채시험은 어떻게 보나요?

편 성우 시험은 어떻게 보나요?

김 KBS의 경우 라디오 드라마 단문과 내레이션으로 시험을 봐요. EBS는 애니메이션 단문과 내레이션으로 시험을 보고요. 지원자는 출제된 단문을 녹음한 음성 파일을 1차 서류와 함께 온라인으로 업로드 시켜요. 그렇게 1차 접수를 하죠. 1차 합격을 해야 2차 시험을 보러 갈 수 있고요. KBS와 EBS는 3차 시험까지 치르고 최종 합격 소식을 들을 수 있어요.

대원방송과 투니버스, 대교방송은 주로 애니메이션 캐릭터 단문 연기로 시험을 봐요. 1차는 역시 주어진 단문을 녹음해 파일로 접수를 하고, 2차부터 직접 방송사에 가서 실기 테스트를 보죠. 몇 차까지 보느냐는 방송사마다 달라요. 대원방송 같은 경우는 5차까지 시험을 본 적도 있었어요.

이런 애니메이션 방송사들은 2차 이상 시험에서 애니메이션 더빙 시험을 보기도 해요. 애니메이션 화면을 미리 보여주고 직접 더빙을 하는 거예요. 캐릭터와 소리를 얼마나 잘 맞추는지 심사를 하는데 이런 더빙 시험은 학원을 다니지 않고 혼자서 공부해서는 잘 볼 수가 없어요. 시험의 수준이 아주 높아졌거든요.

편 성우 시험에 녹음 파일을 제출하는 이유는 뭔가요?

김 원래 KBS는 안 그랬었는데 2017년 1월 입사하는 공채 성우 시험부터 바뀌었어요. 지원자는 방송국 홈페이지에 올라온 문제를 보고 녹음해서 파일과 서류를 같이 접수해요.

왜 이렇게 하냐면 너무 많은 사람들이 1차 시험을 보러 오기 때문이에요. 보통 KBS에서 1차 시험을 치르면 여자는 1,500명에서 2,000명, 남자는 500명에서 1,000명 정도가 응시하는데, 그날 하루 소모되는 인건비나 기타 비용으로 나가는 지출이 너무 많고, 사람이 너무 많은 와중에 채용하려니 실력자를 고르기도 힘들죠. 그래서 녹음 파일을 제출하는 방식으로 바뀌었어요.

편 공채시험은 자주 있나요?

김 공채시험은 KBS와 대원방송이 1년에 한 번씩 있고, EBS 와 투니버스가 2년에 한 번씩 있는데 같은 시기에 보는 게 아니라서 지원자 입장에서는 매년 두세 번의 시험에 응시할 수 있어요.

채용 인원은 현재까지는 KBS가 제일 많아요. 남녀 합해서 10명 정도를 뽑는데, 남녀 비율은 반반이에요. EBS나 투니버스, 대교, 대원방송 등은 남녀 각각 2명에서 3명 정도씩 채용해요.

편 1년에 몇 명 정도 채용하나요?

김 보통 1년에 남녀를 합쳐 17명에서 18명 정도 채용할 거예요.

편 성우로 가는 문이 점점 좁아지는 것 같아요.

김 그렇진 않아요. 사실 예전보다는 더 많이 채용하고 있어요. 예전에는 MBC, KBS, EBS 이렇게 세 방송사 밖에 없었는데, 요즘은 케이블 방송국이 많이 생겨서 더 많이 채용하고 있어요.

성우가 되기 위해 필요한 공부가 있나요?

편 어느 학과를 가야 하나요?

김 제가 어렸을 때는 정보가 거의 없었어요. 성우가 뭔지도 잘 몰랐고, 단순한 동경밖에 없었기 때문에 성우가 연기자인 줄도 몰랐어요. 그냥 책을 잘 읽는 사람인 줄 알았죠. 그리고 당시에는 외화가 인기가 많았던 시절이었기 때문에 외화 더빙을 잘하는 사람 정도로 알고 있었어요.

지금 생각해보면 성우가 되기 위해 선택해야 하는 가장 적당한 전공이 있다면 그건 연극영화과가 아닐까 싶어요. 성우는 연기자이기 때문이에요. 그리고 요즘은 성우학과도 생겼어요.

하지만 대학의 전공은 성우가 되는데 큰 영향을 미치지는 않아요. 어느 학과를 나와도 성우 시험을 볼 수 있고, 어차피 성우 시험을 보기 위해선 성우 관련 학원 등을 다니며 공채 시험공부를 해야 하기 때문에 대학에서 전공하지 않아도 크게 무리는 없어요.

지금은 성우 공채시험 준비를 거의 성우학원을 다니며 해요. 왜냐하면 성우를 준비하는 지망생들의 경쟁도 굉장히 치열한 데다 시험 문제도 초보자는 소화하기 어려울 정도로 수

준이 높아졌거든요.

예전에는 전속 성우들이 선배들한테 배워가며 실력을 쌓아나갔는데, 지금은 전속생활도 짧고 바로 실전에 투입되어 방송을 하기 때문에 어느 정도 실력이 완성된 사람들을 채용해요. 그래서 프로 성우만큼 실력을 쌓은 후 시험을 치르죠.

편 공부를 잘해야 하나요?

김 공부를 잘할 필요는 없어요. 성우 공채시험은 학력과 무관하고, 필기시험이 없어요. 모두 실기 시험이에요. 다시 말해 목소리가 좋고 연기를 잘하면 돼요.

하지만, 단문 연기를 잘하려면 단문 해석을 잘해야 해요. 평소 책을 많이 읽지 않거나 이해력이 떨어지면 대본을 봐도 무슨 내용인지 이해를 하지 못해요. 특히 내레이션을 할 때 문장이 길고 구조가 난해하면 이해하기가 어렵고, 유창하게 낭독할 수가 없죠. 공부를 잘할 필요는 없지만 평소 책을 많이 읽어서 단문의 내용을 잘 분석할 줄 알아야 해요.

성우 아카데미는 필수 코스인가요?

편 성우 아카데미는 필수 코스인가요?

김 지금은 거의 그런 편이에요. 시험 자체가 어렵고 경쟁이 치열해서 어쩔 수가 없어요. 전문적으로 배우지 않으면 시험에 붙을 확률이 적어요.

애니메이션 방송사들의 시험은 애니메이션 캐릭터를 표현하는 것인데, 일반 연기가 아니기 때문에 애니메이션 연기를 공부하지 않고서는 표현하기가 굉장히 힘들어요. 예를 들어 꽃미남이면서 냉혈한을 표현하라고 했을 때, 전문적으로 공부를 하지 않은 지원자들은 감도 못 잡는 경우가 많죠.

편 정규 대학 이외에 별도 학습기관이 많은가요?

김 각종 사설 아카데미가 많이 있어요. 거의 성우들이 운영하고 있고요. 거기서 개인 사사도 받고 연기도 공부하죠. 요즘은 아카데미에 다니지 않고 그냥 시험 봐서 합격하는 사람은 드물어요.

성우에게 필요한 자질은 무엇인가요?

편 성우에게 필요한 자질은 무엇인가요?

김 일단 가장 기초적인 자질은 건강한 소리와 정확한 발음이 가능한 구강구조를 갖고 있어야 해요. 힘이 없거나 잘 갈라지는 소리, 고음이 올라가지 않거나 베이스가 내려가지 않아 톤이 한정적인 소리, 꺾이는 소리 등은 건강하지 않아요. 건강한 소리가 중요한 이유는 소리가 잘 나와야 하고 싶은 연기표현을 마음껏 할 수 있기 때문이에요.

마찬가지 이유로 정확한 발음 구사도 매우 중요해요. 대사 전달이 잘 안 되면 대사 연기로 모든 표현을 해야 하는 성우로서의 활동은 매우 어렵죠. 정확한 발음이 되지 않으면 대사 전달도 되지 않을 뿐 아니라 하고 싶은 연기를 마음껏 할 수도 없어요. 대사를 읽는 것도 힘들기 때문이에요.

좋은 목소리를 가지고 있고, 정확한 발음을 구사한다면 그다음으로 중요한 것은 풍부한 감정과 그 감정을 표출하는 표현능력이에요. 사실 인간은 누구나 희로애락의 감정을 느끼죠. 하지만 그 감정을 느끼는 정도가 사람마다 차이가 있고, 또 그 감정을 타인 앞에서 표현하는 건 쉬운 일이 아니에요.

특히, 청소년기를 지나 성인이 되면서 타인에게 나의 감정을 그때그때 표현하면서 살아온 사람은 많지 않을 거예요. 대부분 화가 나도 참고, 슬퍼도 큰 소리로 울지 않고 인내하는 사람들이 더 많죠. 고통을 느끼려 하지 않고 그냥 덮고 지나가는 데에 더 익숙해져 있는 경우가 대부분이에요. 하지만, 좋은 연기자가 되기 위해서는 마음속에 생성되는 감정들을 억누르지 말고 밖으로 표현할 줄 알아야 해요.

자신의 감정을 타인 앞에서 잘 드러내려면 자신이 느끼는 감정에 부끄러움이 없어야 해요. 연기할 때 감정표현을 자연스럽게 드러내지 못하는 원인은 자신의 감정에 대해 자신감이 없기 때문이에요. 내가 가진 감정이 뭔가 부족하고 창피하다고 생각하면 남 앞에서 드러내기가 힘들죠.

다시 말해 좋은 연기자로서 갖춰야 할 자질 중에는 자신감, 자기효능감이 필요해요. 자기효능감이 높은 사람이 연기도 잘하죠.

성우가 되려면 특별한 재능이 있어야 하나요?

편 성우가 되려면 특별한 재능이 있어야 하나요?

김 성우들이 잘하는 것 중 하나가 모사예요. 어떤 배우가 하는 특정한 연기를 그대로 따라 해요. 그게 열심히 노력해서 잘한다기보다는 생각이 항상 그쪽으로 가 있다 보니까 누가 연기하는 것을 보면 그대로 복사기처럼 뇌에 저장되는 거죠. 그리고 그대로 입에서 나오는 거예요.

그런데 그게 배우들의 연기뿐만 아니라 일반 사람들과도 이야기를 하다 보면 상대방이 말하는 특유의 억양이라든가 뉘앙스를 그대로 따라 해요. 그런 성대모사 재주들이 있어요.

또 남들보다 좀 더 뛰어난 재능이라면 매우 정확한 발음의 구사라고 할 수 있어요. 성우는 소리로만 연기를 해야 하기 때문에 대사 전달이 필수예요. 그래서 정확한 대사 전달을 위해 고도로 정밀한 발음을 할 수 있어야 해요.

매우 빠르게 말을 해도 발음이 정확히 다 들려야 하고요. 실제로 속도가 매우 빠른 영화나 애니메이션을 더빙할 때, 어떤 성우들은 신기에 가까운 모습을 보여주곤 하죠. 어떻게 저렇게 빠르고 정확하게 말할 수 있을까 싶어요.

내성적인 성격은 성우하기 힘든가요?

편 내성적인 성격은 성우하기 힘든가요?

김 제가 어린이 성우교실을 운영하잖아요. 굉장히 내성적이고 말이 없는 아이들도 성우교실에 오는걸 좋아하는 경우가 많아요. 사람은 자기 안에 내재되어 있는 감정을 밖으로 꺼내고 싶은 욕구가 있거든요. 단순히 외향적이기 때문에 감정표현을 잘한다고 생각하면 그건 편견이에요.

성우를 꿈꾸는 지망생들만 봐도 외향적인 사람은 20~30% 정도 되고, 나머지 70~80%는 내성적이에요. 외향적인 사람들은 성우보다는 연극배우나 TV 연기를 선호하죠.

성우 연기가 대중 앞에서 하는 게 아니고 마이크 앞에서 혼자 하는 연기이다 보니까 일의 특성상 내성적인 사람들이 더 선호하는 경향이 있는 거 같아요. 감정을 표현하고 싶은 욕구가 있는데, 대중 앞에서 하기는 창피하니까 성우처럼 뒤에서 표현하는 일이 적성에 맞는다고 생각하는 거죠.

이런 내성적인 사람들이 어떻게 보면 내재되어 있는 감정들은 더 크고 풍부할 수 있어요. 다만, 그 성격의 틀을 깨고 얼마나 밖으로 표출할 수 있는지가 관건이에요. 외향적인 사람보다 시간이 좀 더 오래 걸리지만, 자신의 노력 여하에 따라 아주 좋은 연기자로 거듭날 수 있죠.

유학도 필요한가요?

편 유학도 필요한가요?

김 정서를 함양하고 시야를 넓히기 위해서 해외에 나가는 건 굉장히 좋지만, 필수적인 것은 아니에요. 유학보다는 국내에서 영화와 드라마, 책 등 다양한 문화생활을 접하는 게 더 중요해요.

편 추천해주실 만한 영화나 드라마, 책이 있을까요?

김 영화나 드라마, 책을 볼 때는 좋은 작품을 골라 보기보다는 무조건 많이 접하는 게 좋아요. 시간이 허락하는 한 많이 보는 걸 권하는데, 아무래도 바쁜 일상 속에서 문화생활을 자주 접하는 게 쉽지는 않죠.

그래서 저는 세간에 화제가 되는 작품들은 무조건 꼭 보라고 권해요. 사람들 사이에서 화제가 되는 작품들은 그럴만한 이유가 있거든요. 아무래도 현대인들의 트렌드를 잘 읽고 있는 작품들이기 때문에 그런 작품들을 빼놓지 않고 보면, 배우들의 연기 추세가 어떤지를 알 수 있죠. 연기도 트렌드가 있고, 계속 흐름이 변화하고 있거든요.

어린이 성우는 언제부터 할 수 있나요?

편 어린이 성우는 언제부터 할 수 있나요?

김 글씨를 읽을 수 있으면 할 수 있어요. 사실 초등학교 1~2학년 학생들이 굉장히 많이 찾아와요. 제작사에서도 어린 목소리를 찾고요. 왜냐하면 큰 아이들은 성인 성우들이 더빙할 수 있기 때문이에요.

성인 성우들이 할 수 없는 진짜 어린 목소리가 필요하기 때문에 글씨를 읽을 수만 있으면 일단 도전해 볼 수는 있어요. 어린아이들에게 가장 중요한 건 발음이에요. 아이들은 기본적으로 아이다운 목소리와 감성을 가지고 있으므로 조금만 트레이닝을 받으면 어린이 역할을 연기하는 건 어렵지 않아요.

단지, 아이들 특유의 혀 짧은 발음이 가장 애로사항이에요. 대사 전달이 잘 안 되면 아무리 감정이 좋고 캐릭터가 좋아도 소용없거든요. 그래서 어린이 성우로서 가장 중요하게 갖춰야 할 부분은 정확한 발음으로 대사를 전달하는 능력이에요.

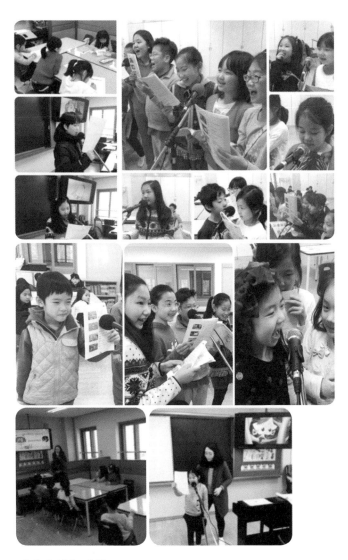

어린이 성우 체험

성우를 꿈꾸는 분들에게 조언을 해준다면요?

편 성우를 꿈꾸는 분들에게 조언을 해준다면요?

김 성우가 되고 싶어 하는 사람들한테 제일 중요한 것은 평소의 언어습관이에요. 예를 들어 평소에는 다른 사람이 잘 알아듣지 못하게 대충 말해버리는 습관이 있으면서 좋은 성우가 되고 싶다고 생각한다면 그건 정말 말이 안 되는 거예요.

성우가 되고 싶으면 평소 말할 때도 성우처럼 좋은 목소리와 정확한 발음으로 귀에 쏙쏙 들어오게 말하는 언어습관을 갖춰야 해요. 다시 말해서 평소에도 성우처럼 말해야 한다는 거죠.

저희 아카데미에 성우가 되고 싶다고 온 학생 중에는 평소 말할 때와 연기할 때가 너무 다른 경우가 많아요. 평소에 말할 때는 평범하게 얘기하다가 연기할 때는 소리를 예쁘게 만들어서 내요. 그렇게 가짜로 만든 목소리와 말투로 한 연기는 당연히 리얼하지 않고 진실하지 않겠죠?

그래서 일단 평소 언어습관 자체를 성우처럼 잘 만들어 놓으면 70~80%는 성우가 된 거예요. 그 후에 연기공부만 조금 하면 돼요.

그다음으로 다양한 사람들에 대한 이해가 필요해요. 여러 캐릭터를 이해해야만 제대로 표현할 수 있으니까요. 영화나 드라마 장르를 많이 접하고 등장하는 인물이나 캐릭터를 관심 있게 보는 습관을 가지세요. 배우의 연기에 몰입해서 보다 보면 그 캐릭터가 머릿속에 저장되고, 나중에 그 기억들은 연기할 때 큰 자산이 돼요.

그리고 책을 많이 읽는 것이 굉장히 중요해요. 책을 잘 읽지 않은 사람은 문장을 봐도 구조를 이해 못해요. 서너 줄 정도 내려가는 문장은 아예 무슨 말인지 모르고, 어디서부터 어디까지가 주어인지도 모르죠. 심지어 끊어 읽기조차도 어려워하는 학생들이 많아요.

문장의 구조가 한눈에 딱 들어와야 이게 무슨 말인지 알고, 그걸 본인의 말로 표현할 수가 있는데 그렇지 않으면 교과서 읽듯이 딱딱하게 읽게 되죠. 책을 많이 읽되, 여러 장르의 책을 골고루 읽는 것도 필요해요. 길고 난해한 문장들을 한눈에 보고 이해하려면 신문이나 논설 같은 유형의 문장을 많이 접하는 것도 좋아요.

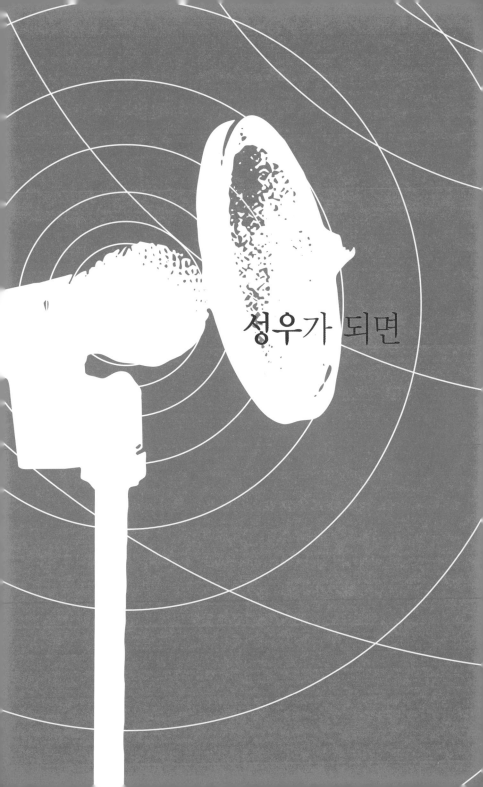

성우가 되면

공채에 합격하면 방송국에 계속 소속될 수 있나요?

편 공채에 합격하면 방송국에 계속 소속될 수 있나요?

김 계약직이라 계속 소속되어 있을 수는 없어요. 예전에는 10년씩 전속으로 있었는데 점차 7년, 5년으로 줄다가 저 때는 3년간 전속생활을 했었어요. 그러다가 얼마 전에 계약직은 2년 이상 지속 할 수 없는 법이 생기면서 성우의 전속 기간도 2년으로 줄었어요.

편 여건이 더 안 좋아진 건가요?

김 글쎄요. 전속생활을 어떻게 보느냐에 따라 다르겠죠. 방송국에 소속되어 있는 전속생활이 안정적이긴 하지만 빨리 프리랜서가 되어 다양한 곳에서 일하고 싶어 하는 성우들도 있어요. 어차피 프리랜서로 활동할 거면 빨리 프리랜서가 되는 게 낫다고 생각하는 사람도 있거든요. 요즘은 워낙 모든 게 빨리 변해가는 세상이니까 전속생활도 짧게 하는 게 현 세태에는 맞는 거 같기도 해요.

예전에는 전속생활을 하면서 일정 기간 훈련하고 선배들

한테 배우면서 숙련될 수 있는 시간을 보냈어요. 이 기간을 거쳐야 경쟁력 있는 성우로 성장을 해서 프리랜서가 돼서 나갔을 때 무리 없이 성우 활동을 할 수 있었죠.

하지만 요즘에는 성우를 가르치는 학원도 많이 생긴 데다 공부를 일찍 시작하고 언더그라운드 생활까지 해서 지금은 실력을 갖춘 상태에서 전속생활을 시작해요. 그래서 전속 기간에 갈고 닦아서 나와야 하는 예전과는 많이 달라졌어요. 요즘은 2년만 하고 나와도 너무 잘하거든요.

전속 성우들의 보수는 어느 정도인가요?

편 전속 성우들의 보수는 어느 정도인가요?

김 매년 많이 바뀌어서 정확한 액수는 모르겠어요. 방송사마다 월급체계가 달라요. 일단 KBS는 기본급이 100만 원에서 200만 원 정도 되는 것으로 알고 있고, 거기에 수당이 붙는데 수당은 프로그램마다 다 다르다고 알고 있어요.

전속이 되면 라디오나 드라마만 하는 게 아니라 라디오 프로그램이 나가는 중간중간 나오는 예고나 안내방송도 하거든요. 책 내용이나 여행지를 소개해 준다든지 하는 각종 꼭지들이 많은데 그런 것에도 다 참여해요. 해당 라디오 프로그램이 한 시간 정도 진행되면 한 시간에 대한 보수를 다 받아요. 참여하는 것은 1~2분이라고 해도 전체를 봐야 하기 때문이죠.

그렇지만 전속들이 일을 다 똑같이 하는 것이 아니기 때문에 수당을 많이 받는 사람은 2백만 원도 받고, 적게 받는 사람들은 백만 원도 안 되게 받아요. 그래서 기본급에 수당을 합치면 2백만 원에서 3백만 원 정도 되겠죠. 2년 차들이 그 정도 받고요. 1년 차는 기본급에 수당이 얼마 안 붙어요. 백만 원에서 2백만 원 사이라고 생각하면 돼요.

애니메이션 케이블 채널 중에는 기본급이 없는 곳도 있어요. 그렇지만 TV 수당이라 라디오 수당보다 훨씬 높죠. 어느 정도냐 하면 라디오는 시간당 몇천 원도 안 되는데 TV 쪽은 만원 단위거든요. 단위가 달라요. 그러니 수당만 받아도 일을 많이 하면 2백만 원에서 3백만 원 정도는 될 거예요.

전속 성우의 보수가 사실 많은 편은 아니에요. 하지만 성우로서 받는 제대로 된 보수는 프리랜서가 된 다음 받는 액수이기 때문에, 전속 때 받는 액수는 크게 중요하지 않다고 생각해요. 프리랜서가 되면 전속 때 받는 시간당 금액에서 두세 배 오르기 때문이에요. 전속생활은 프리랜서가 되기 위한 일련의 과정인 거죠.

프리랜서의 보수는 천차만별이겠어요.

편 프리랜서의 보수는 천차만별이겠어요.

김 프리랜서가 되면 일단 기본급은 없고 내가 일한만큼 수당을 받죠.

보통 수입 애니메이션 같은 경우 한 번 녹음을 하러 가면 30분짜리 세 편 정도를 한꺼번에 녹음해요. A급과 B급의 보수가 좀 다르긴 한데 평균적으로 한 편당 15만 원에서 18만 원 정도 받아요. 세 편을 하면 45만 원에서 50만 원 정도 되는 거죠. 녹음 시간은 두 시간에서 길게 잡으면 세 시간 정도 걸리고요. 두세 시간 정도의 시간을 들여서 버는 돈은 45만 원에서 50만 원 정도가 되는 거죠.

그런데 국내 제작 애니메이션의 경우는 좀 달라요. 수입 애니메이션은 외국 성우들의 목소리가 기본적으로 다 깔려있기 때문에 더빙하기 어렵지 않지만, 국내 제작 애니메이션은 목소리가 전혀 없기 때문에 더빙하기가 훨씬 까다로워요. 시간도 훨씬 오래 걸리기 때문에 보수도 더 많이 받아요. 보통 수입 애니메이션의 3배 정도 받고 녹음을 진행해요.

외화 더빙의 경우도 마찬가지로 A급과 B급의 보수가 다르지만 주연은 5십만 원에서 7십만 원 정도, 조연은 3십만 원에서 4십만 원 정도 받기 때문에 평균 4십만 원에서 5십만 원 정도라고 봐요. 외화는 일단 길잖아요. 90분에서 120분 정도 한단 말이에요. 그럼 걸리는 시간은 두 배 정도 생각해서 네 시간 정도 일하고 5십만 원 정도 받는다고 생각하면 대충 맞을 거 같네요.

광고녹음의 경우는 보수가 더 높아요. 일반적으로 광고는 15초, 20초, 30초 이렇게 세 가지 버전으로 만들어지는데 한 버전에 보통 2십만 원에서 5십만 원 정도의 보수를 받아요. 이것도 역시 성우마다 천차만별인데 한 버전에 백만 원을 받는 성우도 있어요.

만약 기본 3십만 원을 받는 성우라고 하면, 광고 하나 녹음하고 나면 세 가지 버전의 돈을 합쳐서 받게 돼요. 그럼 총 9십만 원의 성우료를 받게 되죠. 광고 하나 녹음하는데 일반적으로 한 시간 정도 걸린다고 보면 시간당 받는 금액은 매우 크다고 할 수 있어요. 그래서 광고를 많이 하는 몇 명의 스타 성우들은 한 달에 몇억 원씩 벌기도 하죠.

편. 한 달에 평균 10일 정도 일하나요?

김. 평균 일하는 날을 얘기하기는 매우 어려워요. 개인차가 워낙 크기 때문이에요. 한 달 내내 하루도 쉬지 않고 일하는 성우도 있는 반면에, 한 달에 한두 번 일하는 성우도 있거든요.

편. 그럼 한 달 수입은 어느 정도인가요?

김. 일이 굉장히 많은 성우들은 거의 매일 일이 있어요. 주말에도 녹음이 있거든요. 방송국은 아니지만 외주 제작 같은 경우 토요일까지도 녹음이 있어요. 그래서 지명도 있는 성우들은 일주일에 하루 정도를 빼고는 6일 정도 일을 해요.

하지만 일반적으로 일주일에 3~4일 정도 일을 한다고 봤을 때, 연봉이 5천만 원에서 1억 5천만 원 정도 될 거예요. 물론 그 이상 되는 성우도 당연히 있죠. 평균을 잡자면 그렇지 않을까 싶어요. 이것도 확실하진 않을 거 같네요. 편차가 너무 커서요.

성우들의 일과는 어떤가요?

편 성우들의 일과는 어떤가요?

김 일과는 개인차가 너무 커서 평균을 잡아 얘기하기는 어려워요. 어쨌든 중요한 건 프리랜서이다 보니 출퇴근 시간이나 일하는 날이 정해져 있는 게 아니고 매일, 매주 스케줄이 바뀌죠.

보통 일반적으로 일하러 가면 두 시간에서 세 시간 정도 걸리거든요. 그래서 오전 일정은 10시에서 12시로 잡고, 점심을 먹고 나서 오후 1시나 2시 정도에 두 번째 일정을 잡아요. 그럼 3시에서 4시 정도에 끝나죠. 오전과 오후에 한 일정씩 소화하고 집으로 가거나, 아니면 저녁에 한 건 정도 더 하고 집으로 가기도 하죠.

더 타이트하게 하는 분들은 오전에 3개, 오후에도 3~4개의 일정을 잡기도 하지만 그런 분들은 아주 소수예요. 평균적으로 오전에 하나, 오후에 하나 조금 더 많이 하면 저녁까지 하루에 세건 정도의 일을 하며 보내요.

휴일은 따로 없는 거죠?

[편] 휴일은 따로 없나요?

[김] 네. 휴일은 따로 없어요. 사실 스케줄이 없는 날이 휴일이에요. 그런데 스케줄이 너무 들쑥날쑥하고 캐스팅 연락이 바로 전날에 오기도 하니까 스케줄이 없는 휴일을 제대로 활용하기는 좀 어려워요.

그래서 어느 정도 연차가 되고 자리를 잡고 나면 스스로 출퇴근 시간과 휴일을 정하기도 해요. 저 같은 경우에는 지금 아이들이 어려서 저녁 6시 이후에는 스케줄을 잡지 않아요. 퇴근 시간을 스스로 6시로 정한 셈이죠.

또 어떤 성우들은 주말엔 스케줄을 잡지 않기도 해요. 하지만 이렇게 자신이 스케줄을 능동적으로 관리하기 위해선 캐스팅이 왔을 때 시간이 안 맞으면 NO를 할 수 있는 여유가 있어야 가능해요. 당장 일 하나라도 더 해야 하는 상황이면 내가 정한 휴일이라도 반납해야죠.

직업병이 있나요?

편 직업병이 있나요?

김 앞에서도 얘기했지만 성우 연기는 일반 연기와는 다르게 영화 한 편을 한 번에 더빙하기 때문에 바뀌는 장면에 따라 감정연기를 빨리 바꿔줘야 해요. 한마디로 웃다가 울기를 매우 빠르게 바꿔 연기해야 하는 거죠.

이런 특수한 감정몰입을 많이 하다 보면 실제 생활에서도 이런 성향이 나타나기도 해요. 조금 전까지만 해도 세상에서 가장 슬픈 듯이 굴었다가 웃긴 장면을 보면 언제 그랬냐는 듯 금방 또 밝게 웃는 거예요. 감정의 변화가 너무 빨리 이루어지니까 보통 사람들이 보기엔 이해가 안 가는 거죠. 조울증처럼 보이기도 하고요.

저 같은 경우는 남편과 정말 심각하게 싸웠다가도 해결되면 언제 싸웠냐는 듯 말을 걸어서 남편이 정말 적응이 안 된다고 얘기했던 적도 있었어요. 이런 성향을 성우들끼리는 이해하는데 성우가 아닌 제3자는 이해를 잘 못 하더라고요.

또 이런 것도 있어요. 성우들은 대사 연기에 모든 감정을 다 실어야 하는 직업이잖아요. 그러다 보니 대사 외에 호흡 연기가 많아요. 호흡이라고 하면 감탄사라든지 웃음소리, 울음 소리 아니면 동작을 할 때 수반되는 각종 호흡 소리를 말하는 데요. 평소 녹음할 때 이 호흡연기를 많이 하다 보니 일상생활 속에서도 필요 이상으로 호흡 소리를 많이 내게 돼요.

넘어질 때 '으아'하는 비명 소리라든지, 앉아 있다가 일어 날 때 일어나는 호흡 소리를 입으로 낸다든지, 놀이공원에서 놀이기구를 탈 때 필요 이상으로 소리를 크게 지른다든지 하 는 경우들이 있어요. 나도 모르게 그럴 때마다 이런 게 직업병 이라는 생각이 들죠.

다른 분야로 진출이 가능한가요?

편 다른 분야로 진출이 가능한가요?

김 물론 가능하죠. 사실 다른 분야로의 진출은 예전부터 많이 있었어요. 옛날 라디오 드라마 전성기 시절, 라디오 드라마를 하던 성우들이 TV 드라마가 생기면서 TV 연기자로 진출을 많이 했죠.

요즘 드라마에서 맹활약 중인 중년 연기자 중에 김기현, 김영옥, 김용림, 김용식, 나문희, 김하균, 나성균, 박웅, 박일,

연합뉴스TV
우리 아이 JOB 캠프 방송

사미자, 성병숙, 장광, 이종구, 한영숙, 전원주, 최병학 등 많은 분들이 성우 출신이에요. 굉장히 많죠. 이분들 중에는 최근에 TV 연기자로 진출한 분들도 있어요.

이렇게 TV 연기자뿐 아니라 연극이나 뮤지컬 활동을 하거나 라디오 DJ나 MC로 활동하기도 하고, 대원방송 성우인 서유리처럼 예능 프로그램에서 인기를 얻기도 해요.

최근에는 성우협회에서 다른 분야로의 진출을 적극적으로 알선해주기도 해요. 성우들이 다양한 분야에서 활동할 수 있는 활로를 모색하는 거죠. 그러니 능력만 잘 갖추고 있으면 많은 시도를 해볼 수 있어요.

성우를 하다가 연기자가 되기도 하나요?

편 성우를 하다가 연기자가 되기도 하나요?

김 앞에서도 얘기했지만, 성우를 하다가 연기자가 된 경우는 과거에도 지금도 많이 있어요. 사실, 과거에 더 많았고요.

최근에 몇 분이 연기자로 활동 영역을 넓혔는데, 그 대표적인 예가 영화 〈도가니〉에서 나쁜 교장 역을 맡아 주목받기 시작하면서 본격적으로 영화배우로 활동을 시작한 장광 선배님이에요. 보통 젊었을 때 성우에서 연기자로 활동 영역을 바꾼 분들이 대부분이라면, 장광 선배님처럼 성우로서 많은 활약을 해오다가 중년의 나이에 연기자로 성공한 분은 흔치 않아요.

사실 성우로서 전성기를 걷다가 연기자로 활동을 바꾸기가 쉽지 않은 이유가 있어요. 성우 녹음은 어떻게 보면 참 간단해요. 촬영을 하지 않기 때문에 대기 시간도 필요 없죠. 메이크업도 필요 없고요. 의상비가 들지도 않죠. 그냥 집에서 입던 편한 복장에 볼펜 하나만 들고 가서 두세 시간 녹음만 하면 된단 말이에요.

그런데 TV 연기는 할 일이 훨씬 많잖아요. 메이크업, 헤어, 의상 준비도 해야 하고, 한 장면을 찍기 위해서는 몇 시간 씩 대기도 해야 하니, 성우 녹음에 비해 훨씬 힘든 게 사실이에요. 그래서 중요 배역을 맡게 되기까지 이렇게 힘든 작업을 버텨내는 게 생각보다 쉽지 않아요.

성우 녹음 섭외가 들어오면 거절하고 TV 촬영을 해야 하는데, 성우 녹음을 거절하는 게 쉬운 일이 아니거든요. 많은 성우들이 이런 갈등 속에서 결국은 성우를 선택하는 경우가 많아요. 결국 하고 싶은 일이 성우인지 연기자인지를 분명히 선택해서 진로를 정해야 활동 영역을 바꿀 수 있어요.

평생 할 수 있는 직업인가요?

편 평생 할 수 있는 직업인가요?

김 네. 성우는 정년이 없기 때문에 평생 직업이라고 말할 수 있어요. 본인 스스로 목 관리를 잘하고, 연기의 매너리즘에 빠지지 않고, 꾸준히 공부하고, 트렌드에 뒤처지지 않게 부지런히 노력한다면 나이가 들어도 후배들에게 뒤처지지 않게 활동할 수 있어요.

물론, 이렇게 자기 관리를 철저히 하기가 쉬운 일은 아니죠. 나이가 들면 포지션을 조금씩 바꿔가면서 이미지 메이킹을 해야 오래도록 성우로서 활동할 수 있지 않을까 싶어요. 정년은 없지만, 실제로 오래 활동하기 위해서는 부지런히 관리하고 많은 노력을 해야 할 거예요.

해외 진출이 가능한가요?

편 해외 진출이 가능한가요?

김 해외에도 한인방송들이 있기 때문에 해외로 진출하는 것도 가능해요. 한인방송에서도 성우 녹음을 많이 한다고 들었어요. 주변 성우들 중에 녹음하러 미국에 가는 경우도 종종 봤어요. 미국으로 이민을 가서 성우 활동을 하다가 오신 분도 계시고요.

자녀가 성우를 하고 싶어 한다면 지원해주실 건가요?

편 자녀가 성우를 하고 싶어 한다면 지원해주실 건가요?

김 네. 저는 하고 싶다면 지원해주고 싶어요. 전문적인 기술로 오래도록 할 수 있는 일이기도 하고, 무엇보다 즐겁게 일할 수 있잖아요. 일하면서 스트레스도 풀고, 돈까지 벌 수 있는 몇 안 되는 직업 중 하나라고 생각해요. 하지만 성우 시험에 합격하기가 너무 어려우니 진짜 능력이 있다면 밀어줘야죠.

어린이 성우들과 스튜디오에서

소리로
만드는 세계

라디오 드라마

편 라디오 드라마는 어떻게 진행되나요?

김 라디오 드라마 같은 경우는 대본을 이메일로 받아요. 각자 받은 대본을 확인해보고, 녹음 전에 다 같이 모여 연습하죠. 연습은 한 번만 해요. 캐릭터 논의를 하고, 연습하고, 캐릭터를 다시 한 번 잡죠. 상대 배역과 호흡도 맞추고, 상황마다 동선도 맞추고, PD가 말하는 캐릭터와 성우가 연기하는 캐릭터가 잘 맞지 않는 경우는 함께 논의도 하며 조율하죠. 그렇게 연습이 끝나면 바로 녹음해요.

연습실에서 드라마 연습할 때는 그냥 리딩 수준이 아니라 실전과 똑같이 해요. 성우들이 일반 배우들과 다른 게 초독이 빠르다는 거예요. 일반 배우들은 처음에 가볍게 리딩을 해요. 그다음 대사를 외우고, 리허설을 한 다음에 촬영에 들어가는데 성우는 초독할 때 눈으로 글자를 보면서 바로 실전처럼 연기가 나와요. 성우들만이 가지고 있는 재능인 거죠.

라디오 드라마 녹음은 성우들만 하는 것이 아니라 효과를 담당하는 분들과 함께 호흡을 맞춰야 해요. 효과감독이 성우의 대사에 맞춰서 여러 가지 소리들을 넣어 주는데요. 문 닫는 위치라든지 때리는 순간 같은 것을 효과감독과 같이 맞춰보고 녹음하죠. 호흡이 딱딱 맞을 때는 기가 막히게 대사와 음향이 잘 맞아떨어져요. 우리가 녹음하고도 나중에 들어보면 신기해요.

외화 더빙

편 외화 더빙은 어떻게 진행되나요?

김 더빙 같은 경우는 캐스팅이 되면 영상을 이메일로 보내줘요. 예전에는 이메일을 보내는 일이 흔하지 않아서 시사실에 직접 가서 시사를 했었죠. 시사실에 가면 TV가 있고, 테이프가 하나 있는데 선배님들이 먼저 시사를 할 동안 후배들은 뒤에서 기다려야 해요.

혹은 선배들이 보고 있을 때 옆에서 내가 맡은 배역이 나오길 기다렸다 보기도 하고요. 그때는 휴대폰도 흔하지 않은 시절이라 선배들이 영상을 보고 있으면 비디오카메라를 들고 와서 찍기도 했어요. 선배들이 시사를 모두 할 때까지 기다릴 수 없어서 영상으로 찍어서 집에 가서 시사를 하기도 했었죠.

요즘에는 그런 일이 없어요. 영상과 대본을 이메일로 보내주면 내려받아 개인 시사를 하고, 모여서 바로 녹음에 들어가는 거죠. 외화 더빙 같은 경우 대사가 겹쳐 있는 복잡한 장면이 있으면 한 장면을 몇 번에 걸쳐 따로따로 녹음하기도 해요. 여러 사람이 겹쳐서 대사를 하면 무슨 말을 하는지 대사 전달이 잘 안 될 수 있거든요. 따로따로 한 명씩 녹음한 다음

〈꾸러기 닌자 토리〉 더빙 중

잘 들리도록 볼륨을 조절해서 편집하는 거죠. 이런 작업들은
시간이 많이 걸려요. 그래서 성우들은 대사가 많지 않은 영상
위주의 영화를 매우 좋아하죠. 작업이 쉽고 녹음하는 시간이
짧거든요.

애니메이션 더빙

편 애니메이션 더빙은 어떻게 진행되나요?

김 애니메이션 더빙은 해외에서 수입한 애니메이션과 국내에서 제작한 애니메이션이 약간 다르게 진행돼요. 해외에서 수입한 애니메이션은 외화 더빙과 똑같이 작업이 이루어지죠. 캐스팅이 이루어지고 나면 성우가 먼저 개인 시사를 하고, 스튜디오에 함께 모여서 더빙을 하죠.

하지만 국내에서 제작한 애니메이션은 먼저 그림의 캐릭터가 완성되고 난 후 소리가 전혀 없는 동영상에 성우의 목소리로 캐릭터를 창조해 내야 해요. 이때 프로듀서와 함께 논의해가며 캐릭터 목소리를 만들어내죠. 그래서 더빙하기가 좀더 까다롭고 시간도 훨씬 많이 걸려요. 어려운 작업이라고 할 수 있어요.

어떤 작품은 성우의 목소리로 먼저 오디오 녹음을 하고, 그다음에 영상을 제작하기도 해요. 영화 〈마당을 나온 암탉〉이 대표적인 예인데요. 출연자들이 모두 모여 먼저 오디오 녹음을 한 다음 그 음성 녹음에 기초하여 영상을 완성하고, 2년 후에 다시 더빙을 했어요.

처음 오디오 녹음할 때 주인공 초록이의 목소리 연기를 한 배우 유승호가 중학생이었어요. 청소년 목소리가 참 자연스러웠었는데, 2년 후에 다시 더빙을 했더니 목소리가 너무 어른스러워진 거예요. 그래서 어쩔 수 없이 제가 어린 초록이 목소리를 대신했었죠. 오래 걸리는 작품은 이런 일이 발생하기도 해요.

내레이션

편 내레이션은 어떻게 진행되나요?

김 다큐멘터리 내레이션 같은 경우 대본을 전날 주는 경우도 있어요. 편집이 너무 빠듯하게 되는 TV 제작물의 대본 역시 늦게 나오기 때문에 대본을 받자마자 바로 녹음을 해야 하는 경우도 많아요.

심지어 생방송인 경우에도 대본이 늦어져서 생방송 중에 대본이 나오는 경우도 있죠. 이럴 땐 무슨 내용인지 읽어 보지도 못하고 낭독을 하게 되죠. 그래도 NG 없이 매끄럽게 하는 걸 보면, 성우들의 초독 실력은 정말 대단한 거 같아요.

처음 받은 대본을 초독으로 녹음할 때, 대본을 받고 첫 줄을 읽는 동시에 둘째 줄을 봐요. 눈은 이미 한 줄 앞을 보고 있는 거죠. 보면서 바로바로 내용을 인지하는 과정들이 0.00001초 만에 이루어져야 하는 거예요.

다큐멘터리 내레이션을 할 때 중요한 것은 전체적인 분위기를 어떻게 잡을 것인가예요. 부드럽고 따뜻한 톤으로 갈 것인가, 밝고 명랑한 톤으로 갈 것인가, 아니면 진지하고 무거운 톤으로 갈 것인가 등 이미지를 어떤 식으로 할지 결정하는 것이 가장 중요하죠. 성우의 톤은 프로그램의 전체적인 분위기를 결정하는 중요한 요인이 되기 때문이에요.

그래서 톤을 잡을 때 프로듀서와 충분히 논의를 하고 결정하게 되죠. 대부분의 프로듀서는 캐스팅 단계에서부터 잘 어울리는 톤의 성우를 섭외하기 때문에 분위기를 정하는 작업은 그렇게 오래 걸리지 않아요.

다큐멘터리 내레이션을 더빙하는 일은 미리 시사를 꼭해야 하는 외화 더빙이나 애니메이션 더빙보다 훨씬 수월하죠.

다매체

편 매체광고, 교통안내방송, 제품소개, ARS, 게임산업, 오디오북 산업, 교육콘텐츠 등 다양한 매체에서는 어떻게 진행되나요?

김 매체는 다양하지만 진행되는 과정은 모두 비슷해요. 프로듀서가 성우를 캐스팅하면 성우와 프로듀서는 함께 작품의 콘셉트를 상의하고, 완성된 동영상에 목소리를 더빙하는 거죠.

광고 같은 경우는 성우들이 가장 선호하는 녹음 중 하나예요. 광고는 한 번 작업하면 여러 가지 스타일로 편집이 되는데, 보통 15초, 20초, 30초 분량의 세 가지 버전으로 만들어져요. 그럼 성우료는 각 버전마다 따로따로 지급되기 때문에 한 번 녹음으로 받는 금액이 3배가 되죠.

안내방송이나, 제품소개, ARS 등은 한 번 녹음하면 계속 반복적으로 쓰이죠. 그래서 많이 들어도 질리지 않도록 깔끔하고 건조하게 녹음을 하는 편이에요. 또 사람들에게 잘 전달될 수 있도록 귀에 쏙쏙 들어오게 하는 게 중요하죠.

게임산업은 나날이 발전하고 있어서 성우들의 활약도 점점 많아지고 있어요. 요즘은 게임 속 캐릭터의 목소리를 연기하는 성우들의 인기가 애니메이션 주인공보다도 많은 경우가 있더라고요. 게임 녹음 역시 캐릭터를 창조해야 하는 작업이기 때문에 프로듀서와 많은 논의를 하면서 새로운 캐릭터를 만들어 내야 하는 어려움이 있어요. 이런 녹음이야말로 창의적인 아이디어가 필수죠.

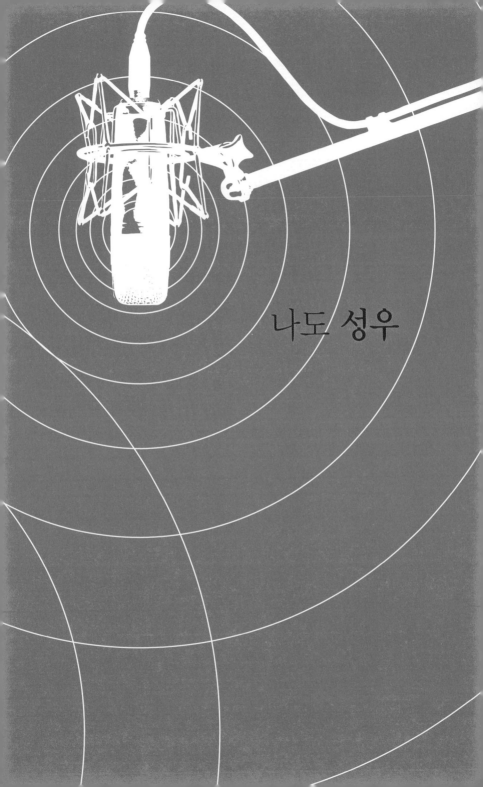

나도 성우

＂
〈공부해서 너 가져〉라는 라디오 드라마 대본입니다. 우선 소리
를 내어 읽어보세요. 그리고 각각의 등장인물들이 어떤 캐릭터
인지 생각해봅니다. 나만의 캐릭터가 완성되었다면 여러분이
실제 성우가 되었다고 생각하고 감정을 살려 연기해 보세요.
＂

공부해서 너 가져!

-제3회-

원작 김 범
극본 김민정
연출 오수진

등장인물

김별(여, 고2)	짝꿍 니엘에게 고백받고 얼결에 왕따가 된 불운의 아이콘
천국(남, 38세)	감옥에서 출소 후 생수 배달을 하며 누군가 찾고 있음
빽도(여, 고2)	본명은 백도혜. 학교 일진 짱. 찍히면 죽는다.
덕화(여, 고2)	한 덩치 하는 유도부원. 빽도의 스파이 및 행동대장. 일명 짱돌
싸가지(남, 40대)	천국과는 같은 교도소에 있었던. 지금은 미리내 카페 주인
순영(여, 고2)	별이의 단짝. 그러나 빽도 앞에서는 친구도 버리는 듯...
세정(여, 고2)	별이네 반장. 만년 전교 2등. 나름 금수저 물고 자람
별이 모(여, 40대)	유학시절은 남편 뒷바라지, 귀국해서는 아이들 뒷바라지 인생
우현(남, 고3)	별이의 사랑. 전교회장. 교회 오빠
훈(남, 13세)	빽도에게 맞은 뒤 전학 가는 별이 남동생. 중3
친구(남, 13세)	같이 얻어터지는 훈이 친구
담임(여, 30대)	가시 돋친 말 잘하는 여교사
체육(남, 40대)	학생주임

M 시그널

타이틀　　　라디오 극장 〈공부해서 너 가져!〉

　　　　　　　원작 김범, 극본 김민정, 연출 오수진

　　　　　　　제3화

M. out

E. 다리 밑, 멀리 차 소음

싸가지　　　얘가 김별이야?

천국　　　　어.

싸가지　　　안녕?

별　　　　　아, 아저씬 누구예요?

싸가지　　　나? 난 싸가지...라고 해.

별　　　　　싸가지... 천국... 갑자기 어디서 나타난 거죠?

E. 개 낑낑, 헐떡거리며 좋아하는...

싸가지　　　허, 백두 좀 봐. 별이를 좋아하네.

천국　　　　오토바이에 타. 데려다 줄게.

별　　　　　어딜요?

천국　　　　어디긴 어디야. 집이지.

E. 오토바이 시동 거는

싸가지　　　대장, 나는 개들 산책시키고 카페 가 있을게.

천국　　　　수고.

E. 오토바이 달리는

별　　　　　(OFF, 소리 크게) 아저씨, 아저씨 정체가 뭐예요?

천국　　　　(OFF, 소리 크게) 미세먼지 들어간다. 입 다물고 있어.

Job
Propose 05

별	(독백) 아저씨가 살짝 건드리기만 했는데,
	빽도가 쓰러져 벌벌 기었어.
	내가 방금 본 것들은 다 사실일까?
	내가 꿈을 꾸고 있는 걸까?
	이 아저씬 우리 집을 어떻게 아는 거지?

E. 오토바이 멈추는

천국	다 왔다.
별	그냥 우연히 지나가다 나를 도와준 거예요?
천국	그게 제일 궁금하니?
별	아까 빽도를 어떻게 한 거죠?
천국	또 뭐가 궁금해?
별	저희 집은 어떻게 알았어요?
천국	질문이 많은 학생이네. 마지막 질문 하나만 받겠다.
별	또 만날 수 있어요?
천국	언제든. 네가 간절히 원하면, 내가 눈앞에 나타날 거다.
	오늘은 집에 들어가 푹 자. 한숨 자고 나면 정리가 될 거야.
	간다.

E. 오토바이 가는

별	뭐지? 간절히 원하면, 눈앞에 나타날 거라고?

M 브릿지

E. 수업 끝나는 종소리 꿈, 회상

E. 아이들 소음

세정	오늘까지 논술 특강 신청서 마감할 거니까 얼른들 제출해.

그리고 환경미화 하는데 자진해서 해달라니까

왜 아무도 안 하니?

덕화　(OFF) 앵무새, 앵무새... 담임이랑 말투가 점점 똑같네.

세정　거기 뒤에!

덕화　(OFF) 예, 그러십쇼.

세정　한다는 사람이 김별밖에 없는데, 별이 혼자선 못해

덕화　너.

덕화　(OFF) 뭐.

세정　할래?

덕화　미쳤냐? 내방 청소도 안 하는데 무슨...

세정　근데 김별 어디 갔니? 순영아, 너 알아?

순영　내가 어떻게 알아...?

덕화　(비꼬듯 노래) 반짝반짝 미친 별 어디 가서 쳐 우나...

E. 학생들 웃음

별　(독백) 나는 투명인간이 되었으면 좋겠다.

아무도 날 알아보지 못하게...

아무도 내 체육복에 빨간 물감을 풀어놓지 않고

아무도 내 교과서에 껌을 붙여놓지 않고

아무도 내 사물함에 욕을 써놓지 않도록

내가 그들의 기억에서, 그들의 눈앞에서 지워졌으면 좋겠다.

E. (약간 에코) 계단 올라가는

별　(독백) 어딜 가나 날 쳐다보는 눈이 너무 많다.

순영이도 나와는 말을 섞지 않는다.

그러면 어떻게 되는지 똑똑히 알았을 테니까.

E. 끼이익 창고 철문 여는

별　여기가... 제일 조용하겠지?

작년에 고3 선배가 수능 전날 여기서 목을 매달았다.

그 뒤로 아무도 찾지 않는 곳.

나한테 여기가 딱이다.

여기가 내 양호실이고, 내 방이고, 내 교실이다.

혹시 알아? 그 선배 귀신이 나를 위로해줄지?

E. 문 닫고 털썩 주저앉는

별　(에코) (한숨 후~) 반짝반짝 미친 별 어디 가서 쳐 우나...

저기요, 귀신님, 제가 바로 그 미친 별이에요.

제가 갈 데가 없어서요. 더 이상 숨을 데가 없어서요.

뭐가 억울한지도 모르겠고 왜 이렇게 됐는지도 모르겠고,

암튼 잘 부탁합니다.

(심호흡) 귀신과 함께 있는 게 차라리 마음이 편하네...

M.브릿지

E. 거리 소음

덕화　어이, 거기 중딩들~ 늬들 이리 와바.

친구　훈아, 나 간다.

덕화　야, 안경! 너 일로 와 임마.

짜식이 의리 없게. 너 혼자 토끼면 그게 인간이야? 짐승이지.

훈　저희 돈 없어요.

덕화　뭐야, 우리가 코흘리개 삥이나 뜯는 사람인 줄 알아?

빽도	너 나 알아?
친구	네.
빽도	내가 누군데?
친구	빽도요.
빽도	내가 무섭냐?
친구	.....

" 〈구름빵〉이라는 애니메이션 단문입니다. 우선 소리를 내어 읽어보세요. 그리고 각각의 등장인물들이 어떤 캐릭터인지 생각해봅니다. 나만의 캐릭터가 완성되었다면 여러분이 실제 성우가 되었다고 생각하고 감정을 살려 연기해 보세요. **"**

구름빵

02-eps191

부제

할아버지의 사과

줄거리

왼손잡이용 야구글러브를 쿠키에게 주려던 홍시. 그러나 쿠키가 사탕을 혼자 먹어버리자 기분이 나빠져서 그대로 집에 오고 만다. 할아버지의 농장에 간 홍비와 홍시는 나무꼭대기에 열린 사과를 하나도 남김없이 다 따 버리는데, 그 사과는 할아버지가 새들을 위해 일부러 남겨 놓았던 것! 할아버지의 사과를 통해 나누는 마음을 배우게 된 홍시는 쿠키에게 야구글러브를 주고, 쿠키는 홍시를 위해 과자를 준비했다가 나누어 먹는다.

등장인물

홍비(양정화), 쿠크 삼촌(홍진욱), 홍시(김지혜)
할아버지(최정호), 엄마/쿠키(이용순), 새들

녹음시간 배정

양정화, 김지혜 : 오후 2시
최정호, 이미향 : 오후 3시
그 외 : 오후 3시 30분

1	홍비네 집 뒤뜰~ 텐트 내부	홍비	(겹) (Na) 쿠크 삼촌이 어릴 때 쓰시던 물건을 창고에서 찾아오셨어요. 그중에 야구글러브가 있었어요.
2	상자 뒤지는	홍시	어 삼촌, 그 야구글러브 제가 쓰면 안 돼요?
3		홍비	홍시야, 너 야구글러브 있잖아.
4		홍시	에, 그치만... 하나 더 있으면 더 좋잖아.
5		쿠크	그건 왼손잡이용이야. 홍시한테는 필요 없겠는 걸?
6		홍시	(실망) 아웅...
7		쿠크	누구 줄까? 친구 중에 왼손잡이 있니?
8		홍시	쿠키요, 쿠키! 쿠키는 오른손 왼손 둘 다 쓸 수 있어요.
9		쿠크	하! 그래? 그럼 이건 쿠키 줘라.
9-1		홍시	(겹) (웃음, 중간 호흡)
10		홍비	(웃음) 쿠키가 좋아하겠다!
11	야구글러브 놀이터의 홍시와 쿠키	쿠키	(off) 야아~! 이거..... 왼손잡이용 글러브네?
12		홍시	웅, 삼촌이 어릴 때 끼시던 거야. 우리, 같이 글러브 끼고 공받기놀이 하자.

13		쿠키	좋아, 그런데 잠깐만... (겹) 홍시 (중간 호흡) 호오... 나 미끄럼 한 번만 타고
14		홍시	(뛰어가며) 나도 나도!
15	미끄럼틀 위의 쿠키	쿠키	(계단 오르는 호흡) 야호~!
	땅에 떨어진 사탕 주우며		어? 뭐지?
	미끄럼틀 타고 내려오는 홍시		아아 사탕이잖아?
16	미끄럼틀 타고 내려오는 홍시	홍시	부릉~ 야흥!!
	쿠키에게 달려들며		어? 그거 사탕이야? 나도 줘 나도~!
17		쿠키	(겹) (중간 호흡, 난처한) (낼름 먹는 호흡)
18		홍시	야아~
19	쿠키 미끄럼틀 쪽으로 가고	쿠키	(사탕 물고) 미안! (겹)홍시 (중간 호흡) 어... (뛰어가며) 한 개밖에 없었어.
20	쿠키 바라보다 고개 돌리며	홍시	이럴 수가...
	벤치로 걸어가며	쿠키	욕심쟁이... 사탕을 혼자 먹고...

21	야구글러브 들고	홍시	야구글러브 안 줄 거야... (골난) 부릉 야옹!
	벤치에서 떠나며		(씩씩거리며 걸어가는 호흡 계속)
22	미끄럼틀에서 부르는 쿠키	쿠키	(겁) 홍시야~ 어디 가? 공받기 하자~~
23	홍비네 집 마당 혼자 노는 홍시	홍시	(공 던지는 호흡) (전속력으로 달리는 호흡) (공 받는 호흡) ...그냥 쿠키 줄걸 그랬나? (단호) 아냐! 쿠키는 욕심쟁이니깐
24		홍시	(던지는 호흡) (덜려가다 천천히 멈추는) ...재미없어.
25	양손에 글러브 끼고	홍시	히힛 꽃게다 꽃게... (하다가 시들) 힝...
26	현관 앞 엄마와 홍비	엄마	홍시 놀이터 간 줄 알았는데
27		홍비	홍시야, 누나랑 같이 할아버지 농장에 갈래?
28		홍시	할아버지 농장?
29		홍비	응! 할아버지 사과 따러 가셨어.
30		홍시	(신나) 좋아!!

31		엄마	자, 할아버지 기다리실 테니까 구름빵 먹고 얼른 다녀와라~
32		홍비/홍시	(구름빵 먹는 호흡) 슈웅~~~
			(웃음)
33	나무 밑의 할아버지 부감	할아버지	(겹) (가늘게 코 곤다. 계속)
34	홍비, 홍시 내려앉으며	홍시	어? 할아버지가 주무시네?
35	홍비 단독	홍비	사과 따시느라 피곤...
36		할아버지	(크게 코고는) 드르렁
37		홍비/홍시	(웃음)
38		홍시	할아버지가 사과 벌써 다 따셨나?
39	사과나무		(off) 어? 아니다. 저 위에 있는 건 아직 다 못 따셨어.
40		홍비	(off) 그러게... 너무 높아서 따기 힘드셨나 보다.
41		새들	(겹) (멀리서) 짹짹...
42		홍시	누나! 저러다가 새들이 사과 다 먹겠어~
43		홍비	홍시야, 우리가 할아버지 도와드릴까?
44		홍시	그래! 우리가 저거 다 따드리자!

45	사과바구니 들고 날아가는	홍비/홍시	(호흡)
46		홍비	어어?
46-1		새들	(겹) (다가오며 짹짹)
47		홍비	미안해 새들아~ 이건 우리 할아버지 사과야
48		새들	(겹) (요란하게 짹짹)
49	홍시 뒷모습 홍시 뒷면	홍시	아, 진짜 (곤란)... 저기! 독수리다!!
50	새들 정면	새들	(겹) (더 요란하게 짹짹짹!!!)
51		홍시	부릉 야옹... 새들이 안 속네 (큰소리로 쫓는) 저리 가! 저리!!
52		새들	(겹) (기죽으며 짹짹짹 멀어진다.)
53	홍비, 홍시 뒷모습	홍시	(계속 쫓는) 에에에에!!!!
54	나뭇가지 사이 홍비, 홍시 정면	홍시	휴우~ 겨우 쫓았네!
55		홍비	(웃음) 어서 따자! (호흡)
56	사과 따는 홍비, 홍시	홍시	이 사과 크다!!... 내가 땄어!
57		홍비	(겹) (웃음)

58	의자의 할아버지	할아버지	(조는 호흡, 깨어나며 놀라) 으응?
59	할아버지를 향해 날아오는	홍비/홍시	(다가오며) 할아버지~~~
60		할아버지	오, 그래! 홍비랑 홍시가 왔구나?
61		홍비	(자랑스럽게) 할아버지 도와드리러 왔어요.
		홍시	할아버지 주무시는 동안
61-1		홍비/홍시	나무 꼭대기에 있는 사과까지 모두 따왔어요.
62	사과바구니	할아버지	으응?
		홍비	저 나무 꼭대기에 있는 사과들, 너무 높아서 못 따신 거였죠?
63		할아버지	아, 이런... 너희들 마음은 고마운데 그 사과는 일부러 남겨 둔 거란다.
64		홍비/홍시	(놀라) 네에?
65		홍비	왜요?
66		할아버지	하하하 새들 먹으라고~
67		홍시	새요? (겹) 홍비: (중간 호흡)
68	사과나무	새들	(멀리서, 기운 없는 짹짹짹...)
69		할아버지	이렇게 맛있는 사과를 우리만 먹을 순 없잖니?

70	사과 따는 할아버지	할아버지	(off) 새들도 먹으라고 해마다 조금씩 남겨놓았더니, 그다음부터는 아무 사과나 쪼아먹지 않고 내가 남겨 준 것만 먹더구나.
71	사과를 쪼아먹는 새들	새들	(겹) (즐거운 짹짹. 계속)
72		홍시	이제 어떡하죠? 새들이 먹을 사과가 없어서?
73	홍비, 홍시	할아버지 홍비	(고민하는) 흐음...
74		홍비	...새들한테 사과를 돌려주면 되잖아요!
75		할아버지	(의아) 으응?
76		할아버지 홍비/홍시	(구름빵 먹는 호흡) (웃음)
77	사과바구니를 나무에 거는	할아버지 홍비/홍시	(웃음, 호흡)
78	사과 쪼아먹는 새들	홍시	(off) 맛있게 먹어~~
79		새들	(겹) 짹짹짹...
80	착지	할아버지 홍비/홍시	(내려앉는 호흡)

81		홍시	그런데 할아버지, 사과를 새들한테 나눠주는 거. 아깝지 않으세요?
82		할아버지	하하하! 아깝긴~ 사과농사를 지을 때, 할아버지 혼자서 지은 게 아니야. 햇빛도 도와주고, 비도 도와주고...,
83	사과나무의 벌레		(off) 또 저 새들도 도와줬단다. 사과나무에 있는 벌레를 잡아주었거든.
	사과나무 아래 할아버지 일동		그러니 다 같이 나눠 먹어야지.
83-1		새들	(겹) (즐거운 짹짹)
84		할아버지	그리고 어떠냐? 저렇게 맛있게 먹는 걸 보니 기분이 좋지?
85		홍비/홍시	네!!
86		할아버지	옛날에 할아버지의 할아버지는, 밭에 콩을 심으실 때, 구멍 하나에 콩 세 알을 심으셨단다.
87		홍시	왜요?
88		할아버지	한 알은 새가, 또 한 알은 땅 속 벌레가 먹으라고... 나누면 기쁨이 두 배가 되는 거란다. 허허허
89		홍시	(의미심장한 미소)

90	대문으로 들어오는 홍비, 홍시	홍비	저 글러브, 쿠키 안 줬어?
91		홍시	어?
92		홍시	(호흡)
93		할아버지	(off) 나누면 기쁨이 두 배가 되는 거란다.
94		홍시	누나! 나 금방 다녀올게~
95	쿠키네 집 앞	홍시	이거 너 가져!
96	홍시. 글러브 집어 들고	쿠키	정말?
97		홍시	그리고 우리 같이 놀자!
98		쿠키	그래! (주머니 뒤적이는 호흡) 홍시야. 이거 먹어
99		홍시	응?
100	과자 클로즈업	홍시	(off) 그건...
101		쿠키	아깐 혼자 먹어서 미안했어.
102		홍시	히... 우리 나눠 먹을래? 자!
103		홍시/쿠키	(웃음) (먹는 호흡)
104		홍비	(겹) (Na) 할아버지의 사과처럼 나누면 기쁨이 더 커진다는 걸, 우리는 오늘 알게 되었답니다.

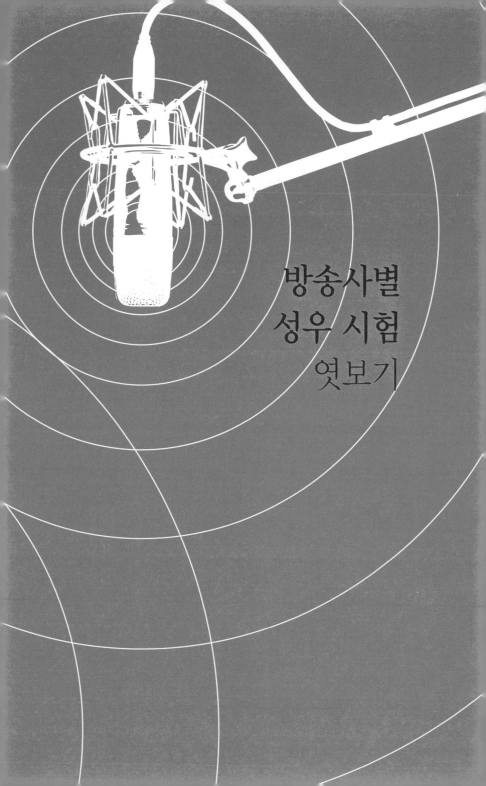

방송사별
성우 시험
엿보기

❝

성우 시험이라고
다 같은 성우 시험이 아니다?

맞아요.
시험문제의 유형과 선호도는
방송사별로 모두 달라요.
성우 시험을 준비하는 지망생이라면
방송사별 시험 유형이
어떻게 다른지 알아야겠죠.

❞

KBS는 매년 전속 성우를 모집하는데 한 기수에 남자 5명, 여자 5명을 채용해요. KBS 시험문제는 라디오 드라마 대본 중에 발췌한 단문이 나오고, 나이대별로 10대, 20~30대, 40~50대, 노역, 그리고 해설이 나와요.

여러 가지 문항 중 자신이 하고 싶은 단문을 먼저 선택해서 할 수 있는데 연기가 괜찮다고 생각되면 심사위원이 다른 문항을 직접 골라 주문하기도 해요. 이때는 본인이 자신 없어 하는 연기를 시킬 수도 있고, 특히 해설을 시킬 수도 있습니다. 심사위원이 주문한 문항을 매끄럽게 잘 연기하기 위해서는 스튜디오에 들어가기 전 시험문제를 받았을 때 모든 문항을 꼼꼼히 잘 읽어보고 어떤 내용인지 파악해 두는 게 좋겠죠?

KBS는 기본적으로 해설을 매끄럽게 잘 읽을 수 있는지를 평가해요. 그러므로 평소에 라디오 드라마나 다큐멘터리에서 성우들이 해설하는 것을 많이 들어보고 준비를 해야 해요.

드라마 연기는 가장 자신 있는 목소리로 자연스럽게 하는 것이 중요해요. 목소리를 꾸며서 낸다든지 연기를 과장되게 하는 것은 좋지 않아요. 자연스러운 자신의 목소리와 말투로 대본에서 느껴지는 인물의 감정을 마음속으로 느끼면서 해야 하죠.

대본의 내용을 잘 들여다보면 그 인물의 심리상태를 알 수 있어요. 그 감정을 진정성 있게 마음으로 느끼면서 자연스럽게 연기하는 것이 KBS 시험에서 좋은 점수를 받을 수 있는 방법이에요.

다음은 KBS의 제40기 전속 성우 채용 시
실제로 출제됐던 문제입니다.

KBS 제40기 전속 성우 1차 시험문제 [남자]

1. (20대) 그러니까요. 우리 둘 다 갑자기 무방비로 일어난 상태잖아요. 나 당장 담달까지 등록금 채워야 돼요. 학교 다니면서도 알바 해서 학자금 대출 계속 갚아야 되고요. 엄마 일하던 인쇄소 문 닫아서 우리 집 전세금 헐어서 살아야 할 판이라고요. 돌아가신 울 아버지 남겨 논 빚은 십 년 갚아도 다 못 갚아요. 그래서 나 빨리 졸업해서 취직해야 돼요!! 내 인생에 연애는커녕 결혼이 있을까 싶은데, 애... 라뇨.

2. (독백) 순간 목 언저리에 뾰족한 느낌이 와 닿았다. 날카롭고 치명적인 무언가가 내 목을 겨누고 있다는 걸 본능적으로 알 수 있었다. 유나의 기분이 더 안 좋아진다면 단지 겨누는 것만으로 끝나지 않을 것이다. 그런 생각을 하자 정신이 번쩍 들었다. 나는 원표에게 그랬던 것처럼 아무 말도 하지 못하고 창고를 나왔다. 따끔거리는 목 언저리를 손으로 문질렀다. 빨간 피가 묻어나왔다.

3. 낮엔 이상스럽게도 날씨가 따뜻했기 때문에 길은 얼음이 녹아서 흙물로 가득했었는데 밤이 되면서부터 다시 기온이 내려가고 흙물은 우리의 발밑

에서 다시 얼어붙기 시작했다. 쇠가죽으로 지어낸 내 검정 구두는 얼고 있는 땅바닥에서 올라오고 있는 찬 기운을 충분히 막아내지 못하고 있었다. 사실 이런 술집이란, 집으로 돌아가는 길에 잠깐 한 잔하고 싶은 생각이 든 사람이나 들어올 데지, 마시면서 곁에 선 사람과 무슨 얘기를 주고받을 데는 되지 못하는 곳이다.

4. (3인칭 해설, 남) 범수는 차분히 몇 가지 기술을 섞어 대응했고, 결국 아가씨의 공간을 변이한계선인 50% 가까이 빼앗았으며, 팔꿈치를 사용한 마지막 일격만을 남겨놓은 지점에 도달했다. 단 한 번의 타격으로 아가씨는 외모와 영혼을 잃고 서울-대전을 왕복하는 고속버스의 뻘건 좌석이 될 참이었다. 그런데 바로 그때 범수의 마음에 한 줄기 망설임이 피어올랐다. 한 번도 경험해보지 못한 달짝지근한 감정이었다.

KBS 제40기 전속 성우 1차 시험문제 <u>여자</u>

1. 남자는 허둥대고 있었다. 삶에 대해서. 생활에 대하여. 남자는 최근에 뭔가를 잘 잊어버린다는 것이 속상하다. 뭔가를 잊어버렸던 사건들이 오히려 더 잘 기억되고 있다는 사실이 속상하다. 기억하고 싶지 않은 것들은 뚜렷했고 기억해야 할 것들은 흐릿했다. 그게 인생의 법칙이기도 하다. 삶이란 의도했든 의도하지 않았든 배신을 준비하니까. 도저히 이룰 수 없는 것들을 하는 수없이 감당해야 하는 것, 그것이 삶의 책략이다.

2. 전혀... 전혀 그럴 필요가 없었는데도, 홍수남은 자기도 모르게 그 무법자 같은 윤중일 형사의 질문에, 말 잘 듣는 학생처럼 꼬박꼬박 대답을 하고 있었다. 나중에 생각해보니 참말 바보 같은 짓이었지만, 그것은 전혀 자기 의지가 아니었다. 그는 가끔 한숨을 쉬거나, 이맛살을 찡그려 보이거나, 어이없다는 표정을 지어 보이면서도, 난생 처음 겪어본 그 자리에서 어서 벗어나기 위해서라도, 형사가 툭툭 던지는 시시콜콜한 질문에도, 나름대로 성실한 답변을 갖다 바쳐야 한다고 생각했다.

3. (40대 여) 다들 쉬쉬하는 얘긴데, 몇 년 전에 애 하나가 교실에서 떨어져 갖고 이 나무 밑에서 뼈가 다 부러진 채로 발견됐대. 담임이 여자였는데, 그 아일 특히 괴롭혔다나 봐. 왜 우리도 애들 가르치다 보면, 주는 거 없이 미운 애들이 있잖아. 그 아이 담임이 늘 이쪽으로 지나 다녔는데, 작정하고 나무 밑으로 떨어졌다는 소문이 있었어... 숨만 붙은 채로 식물인간이 됐다던데, 그 후론 나도 몰라. 소름 끼쳐, 어린 것이 어쩌면 그런 짓을 했을까?

EBS는 2년에 한 번씩 전속 성우를 모집하는데, 한 번에 남녀 합쳐서 3~4명 정도를 채용해요. 적은 인원수죠. EBS의 1차 시험은 미리 공개된 단문을 녹음하여 MP3 파일로 제출하는 것이에요.

EBS의 시험문제는 아역, 청소년, 노역, 해설 등으로 나뉘어서 출제되는데, 단문은 애니메이션이나 영화의 한 장면에서 나오죠. 그래서 애니메이션에 등장하는 아역과 청소년, 노역 연기를 모두 준비해야 해요. 이는 기본적으로 변성연기를 바탕으로 하고 있는데, 조심해야 할 점은 연기를 이상하게 꾸미거나 과장되게 하면 안 된다는 거예요.

아역연기라도 마치 드라마 연기처럼 자연스럽게 실제 아이가 말하는 것처럼 하는 것이 중요하죠. 애니메이션 연기라고 해서 말투를 부자연스럽게 꾸며 연기를 하면 점수를 잘 받지 못해요. 또 EBS도 KBS처럼 해설을 매끄럽게 잘 소화해내야 하니 안정적인 톤과 정확한 발음이 필수적이죠.

다음은 EBS의 2015년도 전속 성우 채용 시
실제로 출제됐던 문제입니다.

2015년 EBS 남, 여 공통 내레이션

Na 하필 겨울 들어 가장 추운 날이었다.

거의 반나절을 두 사람은 말없이 풀만 베었다.

해가 떨어지기 직전에서야 응사 박용순은 서둘러 제를 올렸다.

(현장음 :"비나이다 비나이다 산신님께 비나이다. 대전 산내 사는 박상
원이가 매를 받고자 하오니 정성이 부족함을 용서하시고 보물을 내려
주십시오.")

매를 부려 꿩을 잡는 응사.

상원이 박응사와 약속을 한 건 석 달이었고 그 첫날은 이렇게 흘러가
고 있었다.

Na 둥지를 떠난 어린 새들은 두 달 정도 더 둥지 근처에 머뭅니다.

이때도 어미 도움으로 먹이를 먹으며 살아가죠.

어미의 먹이를 따라가다 보면 새끼는 둥지에서 점점 멀어지게 됩니다.

그러다 어미의 무관심이 길어지면 어미와 둥지로부터 완전히 멀어지
게 되죠.

〈남자 지원자용 – 아역〉

제이크

5세. 지저분한 새끼 여우. 사바나에서 부모님을 잃고 고아가 됐지만 셀레스트빌에 와서 바두와 친구가 됐다.

줄거리

꽃향기 박람회를 앞두고 다들 아름답고 향기로운 꽃을 볼 기대에 부푸는데 스트리치 선생님은 악취가 나는 제이크를 박람회장 안으로 들여보내지 않겠다고 한다. 제이크의 기분을 상하게 하지 않고 몰래 제이크를 깨끗이 씻겨주려고 온갖 놀이들로 유인하지만 제이크는 아랑곳하지 않는다. 결국 솔직하게 고백하게 되는데...

제이크	바두 형 말이 맞았어, 정말 아름다워!
치쿠	꽃처럼 아름답단 말이 왜 생겼는지 알겠지? 이제 알았지?
제이크	(깊이 숨 들이쉬고) 보는 것도 좋지만 냄샌 더 좋아! 들어가도 돼? 들어가 보자. 모든 꽃의 냄새를 다 맡아봐야지, 전부 다!! (재촉하며) 형! 아직도 시작 안 했대?

바두	어어… 아직…
제이크	여운 냄샐 잘 맡아! 나도 어서 꽃향길 맡고싶어!
바두	그런데, 너한테 할 얘기가 있어, 제이크. 지금 우린 못 들어가.
	네 몸에서 나는 악취 때문에 스트레치 선생님이 못 들어오게 하셔. 그래서 아까 얘기한 놀이는 모두 너를 씻기기 위한 거였어.
제이크	악취?
바두	으음… 우린 널 깨끗이 해주고 싶었어.
제이크	(속상해 풀죽어) 아까 호스 놀이랑, 밀가루공 피구랑… 흐으응…
	다 속인 거였어!
	그냥 나한테 말하지!
	여우들은 원래 악취가 나!
	자연스러운 건데 뭐 어때?

〈남자 지원자용 - 청소년〉

알렉스

18세. 평범한 고등학생인 알렉스는 남동생 스티비가 너무 귀찮다.

줄거리

고등학생인 알렉스는 말썽꾸러기 동생 스티비 때문에 괴롭다. 알렉스의 물건 등을 틈만 나면 망가뜨려 놓기 때문이다. 스티비는 늘 결정적인 순간에 나타나 알렉스의 인생을 엉망으로 만들어 놓는 정말 놀라운 재주를 지녔다. 알렉스는 동생이 없어졌으면 하는데...

알렉스	오늘도 내 이름 막 부를 거냐?
스티비	아니.
알렉스	잘 생각했어.
	(럭비공을 던져주며) 자! (받으며) 하!
	럭비공은 이렇게 잡고 던지는 거야.
	다시 던져 봐. 어세! 다시 던지라고.
	(머뭇거리는 동생을 보고) 왜 그래?
	너 잠깐 이리 나와 봐. 내 스케이트!
스티비	(형 스케이트를 떡하니 신고 있다) 난 안 만졌어!
알렉스	그게 지금 말이 돼?!
	뭐야! 너 지금 여기에 잼을 발라놓은 거야?

스티비   (도망가며) 안 돼! 오! 엄마, 형이 나 때려요! 엄마!

(잠시 후)

알렉스   (친구에게 스케이트를 보여주며) 이것 좀 봐.
제임스   왜 이렇게 됐어?
알렉스   지하 세계에서 온 악마가 잼을 묻혀 놨어. 우리 집의 왕!!
제임스   흠. 맛은 별로다.
알렉스   제임스… 난 지금 농담할 기분 아니야! 걔가 순진한 표정으로 날 얼마나 골탕 먹이고 있는지 알기나 해? 엄마 아빠 자세히 알아보지도 않고 무조건 스티비 편만 드신다고.
제임스   하…
알렉스   넌 혼자라 진짜 좋겠다.

⟨남자 지원자용 - 할아버지⟩

발루

60대. 현명한 할아버지 곰. 모글리의 선생님이자 친구다. 시어 칸의 음모와 위험한 정글에서 모글리를 보호하는 책임도 맡고 있으나 어딘가 허술한 보호자다.

줄거리

타바키의 장난으로 발루 아저씨 꿀이랑 바기라 물고기가 모글리 보금자리에 들어와 있다. 발루 아저씨랑 바기라는 모글리를 의심하게 되고 결국 모글리를 따끔하게 혼낸다.

모글리	정말이에요. 발루 아저씨! 전 꿀에 손도 대지 않았다고요!
발루	그럼 어째서 이게 너한테 있는 게야?
	내가 그 자리에 갖다놨을 리도 없잖아!
바기라	(냄새 맡고) 모글리! 내 물고기가 왜 네 보금자리에 있냐?
모글리	뭐라고??
발루	(놀라고 경악한) 모글리!
모글리	아저씨! 전 진짜 손댄 적 없어요!
바기라	(한숨) 그럼 설명을 해봐!
	도대체 왜 우리 먹을거리가 네 보금자리인 나무에 있는 건데?!

모글리	아저씨! 지금 절 도둑으로 모는 거예요??
발루	아냐-. (설득하듯) 우리 얘기는 이거란다, 모글리. (점점 꾸짖는 투로) 남의 음식을 먹으려면 허락부터 받아야지!

(시간 경과)

발루	(휴우) 도대체 어떻게 된 건지 모르겠어⋯ 모글리가 훔친 게 아니면 누가 우리 음식을 모글리 보금자리에 갖다놓은 거지?
랑구	진짜야? 모글리가 너희 음식도 훔쳐갔어? 뭔가가 수상해!
발루	뭐라고?? 랑구! 무슨 일이 있었는지 자세히 말해 봐! 그럼 모글리가 의심을 사게 만들어진 함정이란 거야?

〈여자 지원자용 - 남아〉

앤디

10대 초반. 약해보이지만 강단 있는 소년.

줄거리

야구를 좋아하는 평범한 소년 앤디. 양키즈 스타디움에서 수위로 일하는 아버지와 자상한 엄마와 가난하지만 행복한 삶을 꾸려가고 있다. 어느 날 라커룸에서 홈런왕 베이브 루스가 애지중지하는 배트 '달링'이 사라지고 그 불똥은 앤디 아버지에게 튀어 해고를 당하게 된다. 앤디는 자주 야구를 하는 공터에서 찾아낸 말하는 야구공 '스크루이'와 함께 아버지의 결백을 밝히기 위해 배트를 찾아나서는데...

스크루이	무슨 일이야?
앤디	(짧게 한숨)
스크루이	경찰은 또 뭐고?
앤디	베이브 루스의 배트를 도둑맞았대.

스크루이	잘됐네.
앤디	스크루이. 아빠가 해고되셨어.
스크루이	안됐네.
앤디	누가 행운의 배트를 훔쳐갔을까?
	이러다간 양키즈가 지고 말거야. (생각하다) 그래! 그 경비원 이 훔쳐갔을 거야.
스크루이	양키즈 경비원이 뭐하러? 시카고 컵스 경비원이라면 모를 까?
앤디	아, 그렇지~! (찾고) 어쩐지 낯이 익더라니~.
스크루이	혼자 뭔 소릴 하는 거야?
앤디	그 경비원이 레프티였어. 시카고 컵스의 투수 말이야. 베이브 가 홈런을 못 치게 배트를 훔쳐간 거야. 양키즈의 우승을 막 으려고. 빨리 아빠한테 말씀드려야 해.

〈여자 지원자용 - 청소년〉

다씨
16세의 소녀. 오빠가 자신 때문에 죽었다는 죄책감에 마음의 문을 굳게 닫았다. 심장 이식자를 만나러 여행을 떠남.

줄거리
다씨에게 생일은 즐거운 날이 아니다. 자신의 15번째 생일에 오빠를 잃었기 때문이다. 식당에서 뛰쳐나온 자기를 잡으려다 교통사고를 당한 줄 알고 다시는 계속 죄책감에 시달린다. 자신의 절친한 친구 샘과 함께 오빠의 심장을 이식받은 사람을 찾아가기로 결심한다.

다씨   있잖아 샘, 심장수술을 받고 변할 수도 있는 거잖아?
샘   (당황) 휴….
다씨   양파 싫어하던 사람이 갑자기 양파를 좋아하게 됐대. 심장을 준
        사람이 좋아했거든.
샘   나중에 얘기해.
다씨   (잡지를 내밀며) 이것 좀 봐. 캐서린 존스에 관한 기사야. 그림의
        '그'자도 모르던 여자가 심장수술을 받은 다음부터 유화를 그렸대.
        기증자가 화가였거든.
샘   우연이겠지.
다씨   이 세상에 말이 안 되는 일이 얼마나 많은데.

과학이 다 답을 주는 건 아니잖아?

샘　(포기) 휴.

다씨　있잖아… 샘. 생각해봤는데 만약 오빠의 심장을 이식받은 사람도 예전에 오빠가 좋아하던걸 좋아하게 됐다면 오빠 영혼이 그 사람한테 깃든 거 아닐까?

〈여자 지원자용 – 할머니〉

내니
60대. 뉴욕 플라자 호텔, 맨 위층의 스위트룸에 사는 6살 엘로이즈의 보모다.

줄거리
엘로이즈는 뉴욕 플라자 호텔 맨 꼭대기 층에 사는 장난꾸러기 꼬마 숙녀. 엘로이즈는 보모 내니의 따뜻한 보살핌을 받으며 호텔 안을 휘젓고 다니면서 말썽피우지만, 성가셔하면서도 모두 이 꼬마를 사랑한다. 호텔에 장기 투숙하는 괴팍한 쏜튼 부인이 호텔을 떠나야만 하는 상황을 잘못 이해하고 죽었다고 오해한다.

내니   (엘로이즈가 문을 콩 닫아 장식 떨어지고) 아우!! 엘로이즈, 도대체 몇 번을 말해야 알아듣겠니?
(울고 있는 엘로이즈) 너 왜 그러니?

엘로이즈   (울먹이며) 쏜튼 부인이…

내니   아, 그래, 나도 오늘 오후에 얘길 들었단다.

엘로이즈   (울먹이며) 근데 왜 아무 말도 안 해주셨어요?!

내니   아, 그래, 그래, 세상에! 난 네가 이렇게 슬퍼할 줄 몰랐다. 오히려 기뻐할 줄 알았는데…

엘로이즈   (울먹이며) 할머니, 어떻게 그런 말을 할 수 있죠?! 그 할머니가 심술궂긴 했지만 그래도 불쌍해요!

내니	아, 울지 말렴, 우리 아가. 이러다 병나겠다.
엘로이즈	너무 슬퍼서 마음이 아파요. 이제 어떡하면 좋아요?
내니	우리가 할 수 있는 일은 없단다. 쏜튼 부인이 더 좋은 곳으로 갈 거란 사실에 위안을 얻는 수밖에…
엘로이즈	플라자호텔보다 더 좋은 곳이 있다고 생각하세요?
내니	그럼, 있고말고! 자… 뭐할까? 엘로이즈, 아이스크림 갖다 줄까?

대원방송은 매년 성우를 채용해요. 한 번에 남자 3명, 여자 3명 정도를 모집하죠. 대원방송도 1차 시험은 미리 공개된 단문을 녹음하여 MP3 파일로 제출하는 것이에요. 시험문제는 애니메이션의 여러 캐릭터를 잘 표현하는지를 보는 문제들이고요.

캐릭터 설명이 되어있고 대사가 주어져요. 여기서 중요한 것은 설명되어 있는 캐릭터를 얼마나 제대로 잘 표현하고 있는가 하는 것이죠. 캐릭터를 표현하는 것은 성우 연기 과정 중에서 가장 난이도 높은 부분이에요.

기본적인 변성과 자연스런 연기가 되고 난 후에야 캐릭터를 표현할 수 있기 때문이죠. 만약 연기의 기본기가 훈련되어 있지 않으면 캐릭터 연기가 너무 과장되거나 우스꽝스럽게 될 수 있어요. 그렇기 때문에 대원방송의 시험이 가장 난이도가 높지 않을까 생각해요.

2차 시험부터는 실제 애니메이션에 입을 맞추어 연기하는 더빙 시험도 봐요. 더빙 시험을 보기 위해서는 실제로 애니메이션 더빙을 하는 더빙 공부도 미리 해둬야 하죠. 애니메이션 화면에 등장하는 캐릭터의 모습과 잘 어울리게 목소리 표현을 해야 하기 때문이에요.

　대원방송은 시험문제에 해설이 나오지는 않지만 애니메이션 연기공부를 하지 않고는 시험에 합격하기가 매우 어려운 방송사예요.

다음은 대원방송의 7기 전속 성우 채용 시
실제로 출제됐던 문제입니다.

대원방송 7기 전속 성우 공채 1차 (남자)

〈남자 성우용〉

1차 시험문제 녹음 시 주의사항

- 영상 없이 주어진 대사로 자유롭게 연기 하십시오.
- 연기를 시작하기 전 필히 본인의 목소리로 본인 이름을 녹음하십시오.
  예) 안녕하십니까? 대원방송 7기 전속 성우 공채에 응시하는 OOO입니다.
- 연기할 캐릭터 타입을 연기 전에 먼저 말씀하십시오.
  예) 1번, 10대 소년 연기입니다.
- 파일 형식은 wav와 mp3 중 택 1이며, 파일명은 '응시일_이름.wav(또는 mp3)'로 설정하십시오.
  예) 20160920_홍길동.wav 또는 20160920_홍길동.mp3
- 녹음된 음성 파일을 이력서, 자기소개서, 프로필사진과 함께 남성 지원자는 (aniboxm@gmail.com), 여성 지원자는(aniboxw@gmail.com)으로 메일로 제출하십시오 (첨부 파일 용량 20MB 이하로 제한)
- 반드시 모든 항목을 연기해야 합니다.
- 위 사항을 준수하지 않을 시, 전형에 불이익이 발생할 수 있습니다.
- 문의사항은 애니원 또는 애니박스 홈페이지 게시판으로 문의바랍니다.
  (www.anionetv.com, www.aniboxtv.com)

1. 10대 소년 (나약한 자신을 극복하고자 하는 소년)

어? / 바로 위! / (고민하는 호흡) / 이제 시간도 별로 없어 / 끝나면 저쪽의 승리야 / (독백) 이번만큼은... / 이번만큼은 지고 싶지 않아! / 해 볼 수밖에 없어 / 할 수 있다 / 할 수 있어! 더 이상 / 난 네가 무섭지 않아! / (맞는 호흡) (숨찬 호흡) / 위력이 / 이 정도나... / (독백) 안돼, 못 피하겠어! / 그럼 반격 타이밍은 / 지금이다~!! (공격하는 호흡) (맞는 호흡-신음) (고통스런 호흡) / (독백) 생각할 틈도 주지 않을 작정이야 / (힘겨운 호흡) / 역시 안 되겠어, 너무 강해... / 이젠 쓸 수밖에 없어...(도망가는 호흡-멈춰서는 호흡) (한숨) / 아니야...(억누르는 호흡) 그런 게 아니야 / 네가... / (복받치는 호흡) / 네가 너무 대단하니까 / 이기고 싶은 거야! 이겨서... / 뛰어넘고 싶은 거라고 / 이 멍청아~~!!! (독백) 일대일로는 아직 도저히 당해낼 수가 없어! / 하지만 (x) / 디트로이트~~~ 스매~~~~~~시!!!

2. 30대 남자 (프라이드가 강하고 살짝 거만한 검사)

(거만한 웃음) / 이런 이런~ / 이래서 풋내기는 안 돼. / 예전 부검 결과를 갖고 있다니... 어제 다시 조사해서, 부검 결과 내용이 살짝 바뀌었거든 / 즉사에서 / 거의 즉사로! 그러니까 피해자는 이 글자를 쓸 수 있었다는 말이지 / 즉사가 아닌 거의 즉사였으니까 / 내가 부검 결과 보고서를 받은 것도 오늘 아침이었는데 그쪽에선 아직 못 받아본 모양이군 / 그렇죠? 형사님 의욕이 앞서면 / 누구나 실수할 수 있어 / 변호인 / 내가 하나 가르쳐 주마 / 법정에서 통하는 건 언제나 증거물뿐이다 / 알고나 덤벼라! / 아무래도 신참 변호사님은 / 거의 즉사한 듯하군~ 검찰 측의 다음 증인을 요청합니다. / 끔찍한 살인의 순간을 목격한 / 비극의 레이디를!

3. 50대 남자 (죽음의 위기에서 자신의 잘못을 뉘우치는 중년)

그만! 내말 들어라! / 마이크, 내 헬멧은 금이 갔어. 산소가 별로 없다. (한숨) / 네가 전에 물어봤지. / 40년 동안 묵혀온 답을 해야 할 것 같다. / 달 탐사 떠나기 며칠 전, / 네 아빠가 학교에서 수두를 옮았어. 나도 수두에 옮아서 나는 바로 해고됐지. 맞아. 스캇 잘못이 아니었어. / 하지만 그땐 달에 가는 것만이 내 목표였고, 그 기회를 놓치자 난 인생이 끝난 것 같았지. / 당시엔 가족보다도 그게 중요했어. 아이 탓을 했다는 게 부끄러워졌다. 스캇을 볼 때마다 내 자신이 부끄러웠지. 어린 애 탓을 하며 원망하는 아버지라니. 아버지가 될 자격도 없다고 생각했다. 이런 나쁜 아버진 없는 게 낫다고 생각했어. 그건 아니었는데. 내 인생 최대의 실수였다.

4. 캐릭터 연기 (고양이 요괴)

흠~ / 척! / 냐하하하하하~ / 최강 요괴, 시간냥 님께서 탄생하셨도당! 시간! 되돌리기~ 냐하하하하하~ / 내가 왜 최강 요괴인지 알았겠징? 자, 그러면 과거 랑도 이제 안녕이당~ / 시간의 문아~~ 냐하하하하하~ / 어?! 최강 요괴이신 시간냥 님을 우습게 보지 마! 냐하하하하하~ / 니들은 우리 요괴들의 발톱의 때만도 못해! 그러니까 니들이 덤벼도 날 당하지 못하징 자 이제 끝이당 / 촥! 볼록살~~ 봄버~~~~~~!!

대원방송 7기 전속 성우 공채 1차 (여자)

〈여자 성우용〉

1차 시험문제 녹음 시 주의사항

- 영상 없이 주어진 대사로 자유롭게 연기 하십시오.
- 연기를 시작하기 전 필히 본인의 목소리로 본인 이름을 녹음하십시오.
  예) 안녕하십니까? 대원방송 7기 전속 성우 공채에 응시하는 OOO입니다.
- 연기할 캐릭터 타입을 연기 전에 먼저 말씀하십시오.
  예) 1번, 7세 소년 연기입니다.
- 파일 형식은 wav와 mp3 중 택 1이며, 파일명은 '응시일_이름.wav(또는 mp3)'로 설정하십시오.
  예) 20160920_홍길동.wav 또는 20160920_홍길동.mp3
- 녹음된 음성 파일을 이력서, 자기소개서, 프로필사진과 함께 남성 지원자는 (aniboxm@gmail.com), 여성 지원자는(aniboxw@gmail.com)으로 메일로 제출하십시오 (첨부 파일 용량 20MB이하로 제한)
- 반드시 모든 항목을 연기해야 합니다.
- 위 사항을 준수하지 않을 시, 전형에 불이익이 발생할 수 있습니다.
- 문의사항은 애니원 또는 애니박스 홈페이지 게시판으로 문의바랍니다.
  (www.anionetv.com, ww.aniboxtv.com)

1. 7세 소년 (정의감과 책임감이 강한 왕자)

훌륭해요 / 역시 제 눈이 틀리지 않았어요 / 놀라게 할 생각은 없었어요 / 좀 더 빨리 사실을 밝히고 도움을 청했어야 했는데... 사정을 얘기해도 믿어주지 않을 것 같아서요 / 이렇게 여러분들의 눈으로 직접 확인시켜주고 싶었어요 전 바우왕코 108대 자손 / 쿵타크 왕자입니다 / 사정이 생겨 여길 떠났지만, 여러분들 덕분에 왕국을 만드신 바우왕코 1세의 석상이에요 / 이 보석으로 영상을 보여드렸죠 홀로그램같은 거지만 그거랑은 좀 달라요 / 이 보석은 왕가에 대대로 전해지는 건데 / 거신상의 모든 움직임이 다 기록되어 있죠 / 자세한 얘기는 / 가면서 얘기하죠, 여러분, 조금만 더 서둘러주세요 / 왕국으로 가는 길은 단 하나, 이 지하동굴 뿐입니다

2. 10대 여학생 (여전사)

그리고 나한테 / 가장 소중한 게 뭔지... / (흐느끼는 호) / 잘 알고 있어... 나도 잘 알고 있다구... / 아무리 힘들고 어려워도... 다 같이... 미래를 향해서... 앞으로 나아가고 싶어...! / 아무리, 멀리 떨어져 있더라도... 서로의 마음만 이어져 있으면... / 언제나 우린 하나야!! / 우린, 지금 우리가 할 수 있는 모든 일을 하는 거야! 절대 포기하지 않을 거잖아? / 우리의 미래를 말야! 모두 다 같이... / 미래를 향해서, 똑바로 걸어가고 싶은 것뿐이야! / 왜냐하면 / 우린 바로 / 스마일 프리큐어니까!! 받아라! 프리큐어!! / 미라클 레인보우~~~ 버~스트~~!!

3. 60대 (자기 말만 하는 고집불통 할머니)

어차피 사건 소식을 듣고 재미 삼아 온 거겠지! / 요즘 젊은 애들은 이래서 못 쓴다니까 / 이 할머니가 젊었을 땐 안 그랬어 / 왕년엔 진짜 미인이었는데 이렇게 늙을 줄 누가 알았겠어? / 그보다 이 나는 죽은 이부쿠로의 팬이니까 절대 용서 못 해! 가만 안 둘 거야! / 어디서 장난감을 들이대? 아냐, 저번에 슈퍼에서 278엔에 파는 거 봤어! / 이런 장난감을 참 비싸게도 판다 하면서 귤만 사고 나왔는데 아, 귤 먹을래? 안 먹어? 그렇지? 귤은 이 할머니 거니까~

4. 캐릭터 연기 (감정 기복이 심한 괴짜 여인)

음~~? 무슨 말인지 모르겠어~ / 상대를 부러워해?! / 내가 진짜 상대를 부러워하는 걸까? / 난 여전히 이렇게, 짱 예쁘고 깜찍한걸~ / 항상 떠받들어주는 신자들도 주위에 수두룩하고~ / 예를 들면, 걔가 있지~ / 그리고 걔, 걔에다가 걔, 걔랑 걔, 걔네 말고도 걔랑 걔랑 걔랑 걔랑 걔... / 어라? / 뭐야~ / 내 주위에 제대로 된 놈이 하나도 없는 거야? / 그러고도 좋아했다니, 나 미친 거지!? / 된장! 이럴 수가~! / (놀라며) 으아~! / 어라~? / 어라라~? / 으악~~! / 아아아~! 일 났다! 안 돼, 토토코! 이건 안 되는 거야~! 어째서~! 내가 어째서 이런 밑바닥 인생이 된 거지!? 좌우당간 안 돼! 이대로 가다간 루저로 종치겠어~!! (원래대로) 이렇게 돼서 여기까지 왔어요 / 스펙 쩌는 사람을 만나 만회하고 싶어요! (X) / 도와주세요!

투니버스

투니버스 역시 2년에 한 번 성우를 채용해요. 인원은 남자 3명, 여자 3명 정도고요. 투니버스도 1차 시험은 대원방송이나 EBS와 같이 파일 제출이에요. 투니버스의 시험 단문도 애니메이션 연기예요. 그러나 대원방송과는 달리 캐릭터에 대한 설명은 없어요. 아역, 10대 20대, 중년, 노역과 같이 나이의 지칭만 있죠.

그러므로 투니버스의 단문 연기는 좀 더 라디오 드라마답게 할 수 있어요. 캐릭터의 표현보다는 대사의 내용에서 느껴지는 감정에 좀 더 초점을 맞춰야 하죠. 캐릭터를 표현하는 것도 내 마음대로 설정해서 할 수 있고요. 그래서 내가 잘할 수 있는 캐릭터를 보여주는 것이 중요해요. 나의 장점을 보여주는 것에 포인트를 둔다면 좋은 점수를 받을 수 있을 거예요.

투니버스는 비록 애니메이션 공부를 하지 않았더라도 특별한 재능이 있으면 뽑힐 수 있는 가능성이 있는 방송사예요.

다음은 투니버스의 9기 전속 성우 채용 시
실제로 출제됐던 문제입니다.

투니버스 9기 전속 성우 1차 실기시험 문제

녹음 가이드
- 괄호 안의 지문과 문제 번호를 제외한 모든 문항(1~5번)을 녹음하십시오.
- 1번의 괄호 안에는 자신의 이름을 넣어 정확하게 읽어주십시오.
- 연기설정은 괄호 안의 지문과 대본 내용을 참고로 하고, 나머지 상세한 설정은 자유입니다.
- 목소리도 자유롭게 설정하며, 되도록이면 가장 편하고 자신 있는 톤으로 해주십시오.

주의사항
- 시험 문항별로 파일을 나누지 말고 1번부터 5번까지 하나의 mp3 파일로 만들어서 CD에 데이터 형태로 넣어 주십시오. USB나 외장하드 등 기타 저장매체로는 접수 불가합니다.
- 오디오 CD 역시 접수 불가합니다.
- 파일 이름은 자신의 이름을 적어주십시오.
- 문항 이외에 그 어떤 추가적인 녹음 (개인기, 다른 연기, 자기소개 등등)을 넣거나 기계조작을 가했을 시엔 바로 실격처리 됩니다. 주의하십시오.
- 녹음된 파일은 컴퓨터 오디오재생프로그램으로 확인하여 주십시오. 파일 오류로 인한 재생 불가의 경우 실격 처리됩니다.
- 모집 요강에 나온 접수 날짜와 시간을 반드시 준수해주십시오.

〈여자 1차 시험문제〉

1. 투니버스 9기 전속 성우 모집 1차 실기시험에 응시하는 (   ) 입니다.

2. (자신이 죽은 이유를 알게 된 유령이 친구에게)

그렇구나. 난 여기서 죽은 거구나. 전부 다 생각났어. 그때 내가 왜 자동차를 못 피하고 치였는지! 나는.. 나는 후회 같은 거 안 해. 시현일 위해선 뭐든 할 거야! 시현아 나는 여기 있어. 시현아! 시현아! 넌 내가 싫어서 그런 말을 한 게 아니지? 너의 따스한 마음이 느껴져. 그동안 고마웠어! 잘 있어.. 행복해 야 해..

3. (아빠와 화해하려고 혼자 연습 중인 딸)

아빠~ 쪼잔하게 삐쳐있지 말고 그냥 화해하자 응? 아 맞다! 내일 부모님이 랑 같이 하는 수업 있는데 심심하면 오든가. (원래 톤) 아냐 아냐 너무 건방 져.. 이건 화해하는 태도가 아니잖아. (애교) 아빠앙~ 별이가 잘못했어~ 용 서해 줘용. 글구 내일 우리 학교에 꼭 와죠~ 응? 응? (오그라들며) 안 돼! 이 건 너무 오글거려! 어떡하지.. 아! 맞다 그 방법이 있었지!

4. (카리스마 여신)

잘 들어. 그는 불화의 영혼을 가진 장난꾸러기다. 나와 내 동생이 나서서 그 를 막기 전까지 이곳은 불안과 혼돈으로 가득 차 있었지. 우린 소중한 사람 들이 서로를 미워하고 괴로워하는 걸 보고 있을 수만은 없었다. 결국 우린 비밀의 조각들을 발견했고 그 힘을 모아 맞서 싸워 마침내 그를 돌로 봉인해 버렸지.

5. (손님에게 소리 지르는 가게 주인)

저 사람들이 진짜..! 이봐요! 왜 가게 앞에서 싸우고 난리야? 그거고 저거고 시끄러워요! 우리 가게 라면을 먹고 싶으면 조용히 줄 서서 기다려요. 시끄럽게 굴 거면 그냥 집으로 가고. 거거거거.. 거기 당신들! 라면 맛도 모르면서 뭔 주문이 그렇게 많아? 여기 메뉴는 딱 하나야. 호로록 라면이 싫은 사람은 당장 여기서 나가!

〈남자 1차 시험문제〉

1. 투니버스 9기 전속 성우 모집 1차 실기시험에 응시하는 (   ) 입니다.

2. (죽어가는 남성)

아아... 난 그냥, 적당히 가게나 하면서, 적당히 돈도 벌어서, 미인도 호박도 아닌 평범한 여자랑 적당히 결혼해서, 애나 적당히 둘 낳고 싶었는데.. 자식 들 다 크면 은퇴해서 유유자적한 생활을 즐기다 아내보다 먼저 늙어 죽는.. 그런 인생을 살고 싶었는데 말야.. 어울리지도 않게 나서는 바람에.. 그냥 평 범하게 생을 끝내고 싶었는데.. 귀찮은 짓을 해버렸어..

3. (증오의 대상에게)

9년이야. 달 기지에 홀로 남겨진 9년 동안 네 녀석을 향한 증오로 고통스럽 기만 했는데.. 지금은 어느새 쾌감에 가까워졌어. 몸이 마구 떨려올 정도야. 후후후.. 이 기분은 마치.. 마치.. 사랑에 빠진 여자아이 같아. 네 녀석하고 마 주하고 있을 때면 특히 더 실감하게 돼. 지금 살아있다는 걸 말이야.

4. (비행기에서 옆자리 사람에게 호들갑 떨며)

이 비빔밥 진짜 맛있지 않아요? 전 5분이면 세 그릇도 더 먹을 수 있거든 요 헤헤! 실은 제가 1년 동안 아프리카에 출장 나가있었는데 그 동안 한국 음 식이 어찌나 먹고 싶던지~ 네? 왜 처음 보는 사람한테 이런 얘기를 하냐고 요? 왜긴요! 옆자리 앉았음 원래 다 친구 아녜요? 우하하 (헤드록 걸며) 반갑

다 친구야!

5. (운명을 저주하며 절규)

(거친 들숨) 말도 안돼! 이건 아냐.. 이건 아니잖아!! 불의 신이시여 왜 에미스를 데려간 겁니까! 차라리 여기 제 목숨도 가져가십시오! 에미스가 없는 세상 따위 살고 싶은 맘도 없으니까! 불의 신 화염이여! 들어라! 어서 날 에미스 곁으로 데려가라고!

대교방송

대교방송은 성우 시험을 정기적으로 보지 않아요. 성우가 필요할 때 모집하기 때문에, 언제 시험이 있다고 얘기하기는 어렵죠. 게다가 인원도 남자 1명, 여자 1명 정도만 채용하기 때문에 들어가기가 매우 어려운 곳이에요.

대교방송의 시험도 EBS처럼 애니메이션과 해설 단문으로 시험을 봐요. 그리고 카메라 테스트도 하는데 성우 일은 물론 방송에 직접 출연해 MC도 보기 때문이에요.

대교방송은 한마디로 팔방미인을 선호한다고 생각하면 될 것 같아요. 그래서 목소리도 예쁘고 외모도 괜찮은 연기자라면 지원해 볼 수 있을 것 같아요.

다음은 대교방송의 7기 전속 성우 채용 시
실제로 출제됐던 문제입니다.

대교어린이TV 7기 전속 성우 모집 1차 시험문제

(본인의 성별에 맞는 시험문제를 녹음해 주세요)

〈남자 1차 시험문제〉

1. 자기소개 (자신만의 자신 있는 캐릭터 목소리로)

안녕하세요! 어린이의 어린이를 위한 어린이만을 생각하는 대교어린이TV 7기 전속 성우 모집 1차에 지원하는 OOO입니다.

2. 10대 미성 소년 (에너지 넘치는 정의로운 캐릭터)

아아, 물론 알고 있어. / 그렇기 때문에 이번 싸움은 지난번하고 달리 누군가를 해치우는 게 목적이 아니야. / 여천계나 어린계에서 버프를 없애 조화를 이루겠단 주장은 이상해. / 그러니까 난 신을 적으로 삼는다 해도 버프를 지킬 거야. / 버프가 살아갈 길을 찾아주겠어! / 그게 바로 이번에 내가 찾아낼... 보물이야! / 어어? / 없어. 없어! 없어! 내 절대검이 없어! / 내 검 대체 어디로 간 거야~?! 으아~~! / (바로 옆 사람이 들고 있는 걸 발견) / 야~~~이건 내 절....대.... 검이잖아! / 이리 내놔! / 맴매! 맴매~~~~

3. 30대 후반 남자 (잔혹한 악당)

이 형편없는 녀석! / 이제야 날 찾은 거냐? 으흐흐흐흐흐흐 / 하지만 이미 내 몸은 달라지고 있다고 엇.... 으..으........ (쓰러지는 호) / (천천히 일어나는 호) 그걸.... 말이라고 / 그래서 널 이곳으로 유인한 거다 (음흉 호) 흐흐흐~ / 내가 손을 좀 봤더니 훨씬 강해지더군 / (비장 호) 이제 너 하나쯤은 상대가... 안 될 걸 (에너지 발사 호) 이얍 / (환희 호) 오호호호~~~~ 파워가... 이 정 도일 줄은 나도 몰랐군! / (힘에 휩쓸리며) 어~! 아~~!! 어!

4. 캐릭터 연기 (식탐 많은 살찐 다람쥐)

귀한 땅콩을 모아 두려면 뭐가 필요하지? / 땅콩이야! / 그걸 담아 / 그리고 사진을 남겨 놓는 거야 / 내가 모은 게... 너도밤나무 열매, 밤, 아르헨티나 마시멜로 땅콩, 개암, 잣, 거미 땅콩, 무설탕 다이어트 땅콩, 네온 땅콩, 까꿍~ 껍질 피칸, 고무나무 열매, 피스타치오가 무지개 색깔별로 있어.. 아 참 그리 고 달콤한 캐슈너트까지 있지 / 에헤헤헤헤헤... 그렇지만, 그중에서 가장 귀한 땅콩을 하나 꼽으라면 / 내 키 작은 땅콩... / 너티지..... (먹는 호)~

5. 내레이션, 정약용 (노년층)

(NA) 이렇게 많은 업적을 남긴 정약용이지만 그를 총애하던 정조가 죽은 뒤 수없이 많은 음모에 휩쓸려 유배를 다니다가 결국 결혼 60년 만인 회혼일 아침에 세상을 떠났다. 그가 회혼일을 기념하며 쓴 〈회혼시〉는 그의 마지막 시가 되었다.

(정약용) 육십 년 세월, 눈 깜빡할 사이 날아갔는데도 짙은 복사꽃, 봄 정취는 신혼 때 같구려. 나고 죽는 것과 헤어지는 것이 사람 늙기를 재촉 하지만 슬픔은 짧았고 기쁨은 길었으니 성은에 감사하오. 이 밤 〈목란사〉 소리 더욱 좋고 그 옛날 치마에 먹 자국은 아직도 남아 있소. 나뉘었다 다시 합하는 것이 참으로 우리의 모습이니 한 쌍의 표주박을 자손에게 남겨 줍시다.

〈여자 1차 시험문제〉

1. 자기소개 (자신만의 자신 있는 캐릭터 목소리로)

안녕하세요! 어린이의 어린이를 위한 어린이만을 생각하는 대교어린이TV 7
기 전속 성우 모집 1차에 지원하는 OOO입니다.

2. 6세 남자 (귀여운 꼬마 아이)

잠깐만요!! 테디한테 동화책 읽어줄래요 / 제가 책을 읽어주지 않으면 테디
가 잠을 안 자거든요 / 글은……. 당연히 읽을 수 있죠! / 흠! / 걱정 마, 글 읽
는 건 쉬워 글을 읽을 땐, 목소리를 이렇게 내야 해 / (천천히 글을 읽으며)
'아주 멀~리 멀리 있는 아프리카라는 나라에서~' / (속삭이며) 사실은 나 글
을 제대로 읽을 줄 몰라 그래도 내용은 잘 알아 / 어떤 이야기인지 잘 알지 /
'아주 멀고 먼 아프리카란 나라에서, 얼룩말이 기린을 만났어' / 자, 어때? 아
직 안 졸리지? / 이야기가 마음에 들어서 그래?

3. 10대 여 (도도하고 차가운 자기중심적인 성격)

어쩌면 좋지.. 오늘 해야 할 마법 공부를 하지 못했어~~ / 다 너희들 때
문이야~~~~!!! / (친구들한테 오히려 핀잔을 듣고) 으으~~ 아아
~~~~!!! / 너희랑 친구 안 해 다시는 안 볼 거야~ / (그날 저녁 반성하는
마음으로 선생님한테 편지를) 숄리스메티여 선생님.. 오늘은 마법 공부를
하지 않고 친구들과 놀기만 했어요.. / 공부는 내가 해야 하는데 오히려 친구
들한테 화까지 냈어요…. 심한말도 같이요… 친구들 탓도 아닌데 말이에요…
/ 제가 어떡해야 하죠.?

4. 30대 여 (비장한 지하세계 여왕)

드디어 본래 모습을 드러냈군요. 혼돈의 아이이자... / 파괴의 여신이여! / 아무 것도 할 수 없다고? / (웃음–)크게 웃음) / 아무 것도 없는 건 이 세계도 마찬가집니다. / 신에게 버림받은 세계는... 멸망의 길을 걷게 될 것입니다. / 혼돈과 창조, 두 신의 유전자가 맞부딪치면 보물진을 뛰어넘는 힘이 세상을 파괴할 겁니다. / 자, 저를 공격하는 겁니다, 혼돈의 아이여! /창조하는 아이가 기다리고 있습니다. 저를 쓰러뜨리고 어서 세상을 구하세요. 하지만 결코 쉬운 대결은 안 될 것입니다..

5. 내레이션, 선덕여왕 (장년층)

(NA) 제27대 왕이었던 선덕여왕은 신라 최초의 여왕으로 632년부터 16년간 나라를 다스렸습니다. 삼국사기에 따르면 선덕여왕은 성품이 너그럽고 어질며 총명한 사람이었다고 하는데요. 지혜의 여왕이라 불리던 선덕의 이야기는 삼국유사에도 잘 나타나 있습니다.

(선덕여왕) 나는 어느 해 모월 모일에 죽을 것이다. 그때 나를 도리천에 묻어 장사를 지내도록 하거라. 도리천은 낭산이란 곳의 더 아래쪽이 있느니라.

(NA) 정말 놀랍게도 선덕여왕이 말한 그날 선덕여왕은 죽었습니다. 신라인들은 자신이 죽는 날짜까지 예언한 선덕여왕의 신령함에 놀랄 수밖에 없었습니다.

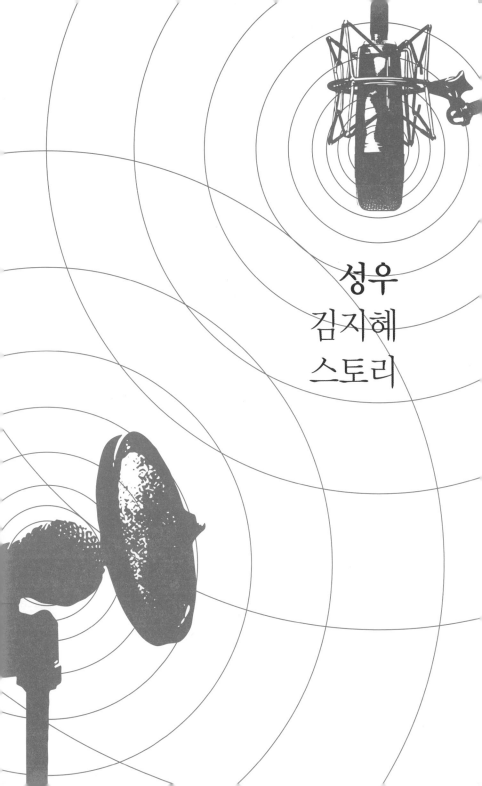

성우
김지혜
스토리

편 어렸을 때부터 성우가 되고 싶었나요?

김 제가 어렸을 때 우리 집 카세트에는 항상 공테이프가 꽂혀 있었어요. 아빠가 해외로 출장을 많이 다니셨는데, 저와 제 동생이 평소에 하는 대화나 노래 부르는 육성을 녹음해서 해외에 가실 때마다 가지고 가셨거든요. 그래서 어렸을 때부터 공테이프에 목소리를 녹음하는 게 굉장히 익숙했어요.

요즘에는 책을 구입하면 CD나 DVD가 들어있는 경우가 있는데, 예전에는 책을 전집으로 사면 그 안에 테이프가 들어있었어요. 성우 목소리로 책을 읽어주는 테이프였죠. 그걸 듣고 거기에 푹 빠져버렸어요. 예쁜 목소리로 책을 저렇게 잘 읽다니 완전 감동한 거예요.

그게 초등학교 2학년 때쯤인 걸로 기억하는데, 저도 테이프 속의 성우들처럼 책을 잘 읽고 싶다는 생각이 들었어요. 그래서 그 테이프를 듣고 또 듣고 그것을 똑같이 따라 연습하는 게 즐거움이었죠. 그리고 똑같이 따라 읽는걸 테이프에 녹음도 하고 들어보면서 혼자 놀았던 기억이 나요.

또 동화책을 읽으면 그냥 읽는 게 아니라 연기를 하면서 읽었어요. 성우들이 여러 가지 역할을 연기하잖아요. 그것을 몇 번씩 듣고 따라서 연습하는 거예요. 혼자 이 역할도 했다가 저 역할도 하면서 녹음했죠.

당시에는 제가 굉장히 잘한다고 생각했어요. 혼자서 남자 목소리도 내고 여자 목소리도 내면서 잘한다고 생각했는데 나중에 어른이 되어 들어보니까 그냥 아이 한목소리로 모든 역할을 다 했더라고요. 어쨌든 어렸을 때부터 정말 성우를 하고 싶어 했던 것 같아요.

편 그 꿈이 계속 이어진 건가요?

김 그런 셈이죠. 하지만 그땐 너무 창피해서 커서 성우가 되고 싶다는 말을 못했어요. 누가 커서 뭐가 되고 싶은지 물으면 선생님이나 화가가 되고 싶다고 이야기하곤 했어요. 성우라는 꿈은 마음속 깊숙이 묻어 뒀던 거 같아요.

그러다가 제가 초등학교 6학년 때 저희 바로 옆 반에 음악을 전공한 선생님이 계셨는데 EBS 라디오 방송에서 6학년 음악수업을 진행하셨어요. 그 수업에 악기를 연주하고 노래도 할 학생들을 뽑았는데 제게 노래를 시키고, 문장을 읽어보라고 하시더니 저를 뽑으셨죠. 그렇게 EBS 라디오 방송에 1년 동안 출연을 하게 되었어요.

전교생 중에서 6~7명 정도 뽑혀서 다니게 되었는데, 녹음을 하기 전에 스튜디오 밖에서 대기를 하면, 스튜디오 안에서는 성우들이 라디오 드라마를 녹음하고 있었어요. 저는 마음속 깊이 성우에 대한 동경이 있었기 때문에 성우들이 녹음하는 모습을 보는 게 즐거웠고 더욱더 동경하게 되었어요.

그리고 6학년 음악 수업 녹음을 시작하기 전에 언제나 예쁜 여자 성우 한 분이 들어와서 '곧 6학년 음악이 방송됩니다.'라고 안내방송을 하는 거예요. 그 모습이 너무 멋있어 보이고, 목소리도 너무 예뻐서 '나도 저렇게 되고 싶다'는 꿈을 키웠죠.

6학년을 마칠 때쯤 EBS 라디오 음악 수업에서 졸업생 노래와 스승의 은혜를 배우는데, 선생님께서 저에게 가사를 읊으라고 시키신 거예요. 그때 밤새 낭독 연습했던 기억이 나요. 가사 낭독을 하게 된 것이 너무나 기뻤어요. 방송할 때 너무 떨렸던 기억밖에 없지만 아마 그때 꿈이 더 구체화 됐다고 생각해요. 그러다 대학교에 들어갈 때쯤 부모님께 성우를 하고 싶다고 털어놓았어요.

📕 부모님의 반응은 어땠나요?

📗 어느 날 부모님께 성우가 되겠다고 이야기했을 때 굉장히 놀라셨어요. 왜냐하면 제가 어렸을 때부터 대학교에 들어가

기 전까지 정말 조용하고, 내성적이었기 때문이에요. 남들 앞에서는 누가 시켜도 노래 한 곡 부르지 않았거든요. 저희 부모님은 제가 너무 소극적이고 내성적이라 걱정을 많이 하셨는데 제가 갑자기 성우를 한다고 하니 너무 놀라신 거죠.

편 성격이 내성적이었다고요?

김 내성적인 면이 있었어요. 그런데 신기한 게 대학교 들어가면서 성격이 180도 바뀌었어요. 어렸을 때 친구들을 만나면 다른 사람이 앉아 있는 것 같대요. 저도 제가 어떻게 이렇게 성격이 바뀌었는지는 잘 모르겠어요. 어쨌든, 고등학교 졸업 이후에 굉장히 적극적이고 활발한 성격으로 바뀌게 되었어요.

아니, 바뀌었다기보다는 제 안에 그런 성격이 내재되어 있었는데, 자라는 내내 그걸 몰랐던 거 같아요. 연기공부를 시작하고 나서 제 성격은 더더욱 바뀌어서 고등학교 때까지 매우 이성적이었던 성격이 지금은 매우 감성적이 되었죠. 저는 그래서 자라는 아이들의 성격을 그대로 믿지 않아요. 아이들 마음속에는 굉장히 많은 성격들이 내재 되어 있어요. 다만 그것들이 발현되고 있지 않을 뿐이죠.

편 학창시절 공부는 잘 했나요?

김 공부를 열심히 했어요. 항상 반에서 5등 안에 들었죠. 성실하고, 부모님 말씀 잘 듣고, 엄마가 시키는 대로 하는 학생이었어요. 하지만, 앞에도 언급했듯이 대학교에 입학하면서부터 다른 성격의 제가 되었어요. 대학 방송국 활동하면서 학교에서 밤을 새는 일이 다반사여서 엄마와 격렬하게 부딪히기도 했어요.

제 생각에 공부를 열심히 하는 것은 나중에 꼭 뭐가 되기 위해서나 어떤 결과를 얻기 위해서라기보다는 공부를 열심히 하기 위해서 필요한 덕목들 즉, 성실성이나 책임감, 인내심 같은 것들을 기를 수 있다는 데에 그 중요함이 있는 거 같아요.

학창시절에 어느 정도 열심히 공부를 한 사람들은 다른 일이 주어져도 매우 성실하게 그 일에 임하는 경향을 볼 수 있어요. 어렸을 때부터 몸에 붙은 성실한 습관은 나중에 사회생활을 할 때도 그대로 나타나서 어떤 일을 하더라도 인정받을 수 있도록 열심히 하게 되는 것 같아요. 그래서 학교 다닐 때 공부를 열심히 하는 습관은 의미가 있는 것 같아요.

편 학창시절 특기나 관심사가 있었나요?

김 학창시절 예체능을 두루 좋아했어요. 그림도 매우 좋아해서 한때는 미대를 갈까 생각도 했었고, 노래 부르는 것도 무척 좋아해서 성악을 전공하고도 싶었었죠. 또 가사 시간에는 옷 만드는 것도 관심이 많았고, 요리도 좋아했어요.

하지만 이것저것 조금씩 소질이 있는 정도였지 제가 보기에 아주 뛰어난 재능을 갖고 있진 않은 것 같더라고요. 예체능 분야에서 잘 되려면 정말 천재적인 소질이 있어야 하는데 저는 그 정도까지의 천재적인 재능이 있는 것 같진 않았어요. 그래서 청소년기엔 나아갈 길에 대해 고민이 좀 많았죠.

편 대학생활은 어땠나요?

김 대학교에 가면 바로 학교 방송국 아나운서로 들어가는 게 목표였어요. 그때는 성우가 아나운서와 비슷한 직업이라고 생각했거든요. 성우에 대한 정보도 없고, 어떤 걸 공부해야 하는지도 몰랐기 때문에 일단 대학교 방송국에서 아나운서로 활동을 하면서 이 일이 나한테 맞는지, 성우가 될 재능이 있는지 검증을 해보고 싶었죠.

대학에 들어가자마자 방송국의 아나운서 시험을 보고, 대학 방송국 아나운서로 활동했어요. 제가 동국대학교 지리교육과를 나왔는데 과 동기들은 제 얼굴을 수업시간 외에는 보기 힘들었어요. 학교 방송국에서 완전 살다시피 했거든요. 아침 8시 30분까지 등교해서 밤늦게까지 학교 방송국에서 일했어요.

마치 방송국과를 들어간 것 같았죠. 방학이고 뭐고 모두 반납하고 학교 방송국 일에만 매달렸어요. 지금 생각해보면 그때 당시 유행했던 유럽 배낭여행도 한 번 못 가보고 왜 그랬나 싶지만 그땐 그 생활이 너무 즐거웠어요. 누가 시킨 것도 아닌데 미친 듯이 학교 방송국 생활에 올인했었죠.

대학교 방송국은 보통 아나운서로 들어가도 그 안에서 라

동국대학교 방송국 아나운서 시절

디오 드라마도 하고 콩트도 해요. 아나운서의 역할과 성우의 역할을 같이 하는 거죠. 그러면서 성우로서의 재능을 조금씩 발견하고 자신감도 더 커졌던 거 같아요.

그래도 정말 성우가 될 수 있을까 불안했고, 자신은 없었어요. 성우는 굉장히 특별한 거라고 생각했기 때문에 100% 확신은 없었죠. 그래서 나 자신을 테스트해보기 위해 대학교 3학년 때 성우 시험을 한 번 봤어요. 학교 방송국에서는 나름 잘한다는 이야기도 많이 듣고, 자신감이 충천 되어 있을 때여서 진짜 시험에 도전해보고 싶었죠. 그래서 그해 MBC 성우 공채시험에 응시했어요.

그때 1차 시험을 보러 MBC에 갔는데, 여자만 2,000명이 왔더라고요. 정말 어마어마한 인원에 놀랐어요. 1차에서 50명을 뽑았는데 제가 1차에 합격한 거예요. 그래서 2차 시험을 보러 갔는데, 2차는 1차와는 분위기가 확연히 달랐어요. 일단, 함께 스튜디오에 들어간 다른 지원자들이 연기를 잘 하더라고요. 모두 연기공부를 하고 온 느낌이 들었어요.

저는 그때 2차에서는 떨어졌지만 예상했던 거고, 그래도 다른 지원자들과 비교했을 때 비슷한 수준으로는 연기했다는 생각이 들었어요. 성우 공부를 체계적으로 하면 그때 합격한 사람들보다는 잘할 수 있겠다는 생각이 들더라고요. 그래서 시험을 끝내고 오자마자 부모님께 말씀을 드리고 MBC문화원 성우 과정에 들어가서 본격적인 공부를 시작했죠.

KBS 공채는 어떤 과정을 거쳐 들어갔나요?

그때 당시 MBC는 MBC문화원 학생들 중에서만 특채를 채용했어요. 그래서 저도 '졸업과 동시에 MBC에 들어갈 수 있겠구나'하는 생각을 하고 열심히 다녔죠. 지금 생각해보면 그때는 무슨 이유에선지 자신감이 있었던 것 같아요.

하지만 인생은 제가 생각했던 대로 가주지 않더군요. 대학교 졸업과 동시에 MBC에 취직할 줄 알았던 제 생각과는 다르게 3차 최종 면접에서 똑 떨어지고 말았어요. 그때 충격이 엄청나게 컸어요. 성우 시험은 많아야 1년에 한 번, 2년에 한 번 있으니까 다음 시험을 볼 때까지는 계속 공부를 해야 돼요. 그렇지 않으면 감이 떨어지거든요.

성우 공부는 계속해야 했고, 대학교를 졸업한 이상 부모님께 용돈을 받아 쓸 수 없었기에 바로 일을 시작했죠. 학교 방송국에서 아나운서를 했던 경력을 바탕으로 사내방송 아나운서 일을 시작했어요. 낮엔 일을 하고 저녁엔 성우 선생님께

사사를 받으며 공부하는 세월이 시작됐죠.

그리고 1년 후 KBS 성우 시험을 봤는데 여기서도 또 최종에서 떨어진 거예요. 그때 당시가 아마 제 인생에서 가장 우울했던 암흑기였을 거예요. 성우가 되고 싶다는 생각만으로 하루하루를 버티다가 드디어 대교방송 성우 공채시험에 합격했어요. 대교방송 3기 성우로 처음 전속생활을 시작했죠.

그렇게 되고 싶던 성우가 되어서 성우 생활을 하게 되었지만, 대교방송에서 1년 성우 생활을 하면서 좀 더 큰 회사로 옮기고 싶다는 생각이 점점 커져만 갔어요. 그 당시는 케이블 방송이 생긴 지 얼마 되지 않았을 때라 KBS 성우가 되어야 성우의 정통성을 이어받는 거라고 생각들을 많이 했거든요.

그래서 KBS, MBC에서 공채시험이 있을 때면 대교방송 성우들과 투니버스 성우들이 응시를 많이 했었죠. 그래서 저도 다시 KBS 성우 시험을 봤어요. 이왕이면 큰 회사 출신의 성우가 되고 싶었거든요. 그리고 그때 시험에서 KBS에 합격했죠.

성우 시험이 참 어려워요. 필기시험이라도 있으면 열심히 암기라도 하겠는데, 실기시험이라 단문 몇 줄 연기하는 게 다예요. 1~2분 안에 내가 보여줄 수 있는 것을 모두 보여줘야 해서 굉장히 어려울 뿐 아니라 운도 많이 작용해요. 어쨌든 우여곡절 끝에 KBS 성우 시험에 합격했어요.

편 KBS 성우가 되어 활동하니 어떠셨나요?

김 저는 하고 싶은 방송을 마음껏 할 수 있어서 전속생활이 정말 즐거웠어요. 물론 전속생활이 쉽지만은 않았죠. 선배와 후배 두 기수가 같이 생활을 하는데 성우실 군기가 방송국 안에서도 유명하거든요. 개그맨실 다음으로 군기가 세다는 얘기도 있어요.

뭐 이런 것도 옛날 얘기죠. 요즘은 예전 같지 않다고들 하더라고요. 하여간 제가 전속생활을 했을 때는 선배들한테 많이도 혼나고 눈치도 보고 그랬어요. 물론 그러면서 정도 더 많이 쌓여서 지금은 그 선배들과 엄청 친하게 지내지만요.

편 선배들의 군기가 그렇게 센가요?

김 대부분 300대 1의 경쟁을 뚫고 들어간 사람들이라 기가 굉장히 센 경우가 많은데, 선배들은 그걸 누르려고 하더라고요.

성우실 안에는 해야 할 일이 많아요. 예를 들면 전화 당번을 서고, 배역이나 공지사항 연락을 하는 것도 모두 후배들이 하죠. 처음에는 그런 게 익숙하지도 않고, 선배들이 너무 많으니까 이름조차 못 외우는 거예요. 선배 이름을 착각해서 배역 연락을 잘못하다 혼나기도 하고, 선배가 왔는데도 못 알아보고 인사를 안 해 혼나기도 했어요.

후배들 이야기를 들어보니까 요즘은 택배 업무가 많다고 하더라고요. 선배들이 택배를 성우실로 보내는데 택배가 1층까지만 오니까 받으러 내려가야 하고, 택배가 왔다고 연락도 해야 하는 등 잔 업무가 너무 많대요. 그래도 저는 성우가 너무 되고 싶었기 때문에 연기하는 것만으로도 정말 행복했어요.

대교방송 성우 시절 MC

편 프리랜서가 되어서는 어땠나요?

김 프리랜서가 되면 일단 적응 기간이 필요해요. 매달 받던 월급이 나오지 않고, 캐스팅이 되어야만 수입이 생기기 때문에 갑자기 집에서 섭외 전화를 기다리는 신세가 되죠. 처음에는 그런 상황에 적응이 잘 안돼요. 캐스팅이 되지 않으면 말 그대로 백수이기 때문에 며칠 일이 없으면 마음이 불안해 지는 거예요. 그 적응 기간이 한 3개월에서 6개월 정도는 걸리더라고요.

편 성우 활동을 하면서 어떤 작품을 하셨나요?

김 연기한 작품은 굉장히 많은데 사람들은 작품이 인기가 있어야 알아봐 주시더라고요.

최근 작품 중 가장 잘 알려진 건 〈구름빵〉이란 애니메이션의 '홍시' 캐릭터예요. 이 역할은 목소리를 독특하게 잡아달라고 해서 소리를 많이 갈아서 잡았더니 하고 나면 목이 너무 아프더라고요. 소리를 맑게 내지 않고, 목에 스크래치를 내서 하느라 고생이 많지만 아이들 사이에서 '홍시' 목소리가 너무 특이하다는 말도 듣고 인기도 많으니까 보람은 있죠.

그리고 영국의 BBC에서 제작한 〈닥터 후〉라는 작품에서

'에이미'란 캐릭터를 맡았는데, 제가 했던 역할 중에 가장 좋아하는 캐릭터에요. '에이미'란 캐릭터가 제 성격이랑 흡사해서 재미있는 부분이 많았고 내용도 재미있어서 즐겁게 일했던 기억이 나네요.

영화 캐릭터 중에서 기억에 남는 것은 〈첨밀밀〉의 '장만옥' 역할이에요. 그 영화를 예전에 보고, 더빙을 하느라 오랜만에 다시 봤는데 예전에 봤을 때와는 느낌이 너무 다르더라고요. 세월이 흐른 다음 보니 공감 가는 부분도 더 생기고 감정 몰입도 잘 되더라고요. 아마도 그냥 봤을 때와 직접 더빙하는 것에는 몰입도의 차이가 있어서 그런 거겠죠.

또 〈시간 여행자의 아내〉라는 영화가 있어요. 거기서 아내 '클레어' 역할을 했죠. 마지막 장면의 대사는 목이 메어서 안 나올 정도로 감정 이입이 되었어요. 영화는 잔잔했는데 마지막 장면에서 갑자기 목이 메면서 눈물이 나는 거예요. 마치 나에게 벌어지는 일 같았어요. 영화 더빙의 매력은 이런 데에 있는 거 같아요.

편 팬들도 있나요?

김 팬들이 좀 있어요. 어떻게 알고는 문자도 보내고, 블로그

용마초등학교
팬 사인회

를 통해 쪽지도 보내더라고요. 제가 애니메이션에서 연기한
캐릭터를 직접 그려서 액자에 넣어 보내주기도 하고요. 고마
운 일이죠.

편 다른 분들도 팬들과 교류하나요?

김 예전에는 성우들이 팬들과 직접 만날 수 있는 창구가 많지

않았어요. 하지만 요즘 후배들은 직접 블로그나 카페를 운영하면서 좀 더 팬들과 가까워지려고 노력을 많이 하죠. 그래서 팬클럽도 생기고, 팬들과 정기적인 모임도 갖고 있는 거 같아요.

편 자녀 이야기도 좀 해주세요.

김 딸만 둘이에요. 초등학교 6학년, 3학년인데 둘 다 어린이 성우로 활동하고 있어요. 큰딸은 지금 〈투모로우 나라의 마일스〉라는 디즈니 애니메이션 시리즈에서 '로레타'라는 역할을 하고 있어요. 주인공이 엄마, 아빠, 딸, 아들 이렇게 한 가족인데, 제가 엄마 역할이고, 저희 딸이 딸 역할이죠. 지금까지 20년 가까이 성우 생활을 하면서 가장 의미 있는 작품인 거 같아요.

둘째는 가끔 광고나 교재 녹음에서 어린 목소리가 필요할 때 섭외가 오면 조금씩 녹음하는 정도고요.

제 딸들이 어린이 성우 일을 하게 된 건 제가 아카데미에 어린이 성우교실을 만들 때 제 딸들을 초창기 멤버에 합류시키면서부터예요. 샘플 작업할 때 같이 참여시키고, 홈페이지 만들면서 멤버들 프로필과 영상을 올려났는데, 그걸 보고 캐스팅이 들어온 거죠.

큰딸이 하는 애니메이션 녹음은 매우 까다로워요. 녹음 전에 집에서 영상 시사를 해 가는데 연습할 때 제가 잔소리도 많이 해요. 제가 보기엔 너무 부족한 부분이 많이 보여서 본의 아니게 잔소리를 많이 하는데 본인은 굉장히 재미있어해요.

아이들은 성우들과는 달리 발음이 정교하지 않기 때문에 녹음 시간이 오래 걸리거든요. 삼십 분짜리 녹음하는데, 처음에는 두 시간씩 걸리기도 했어요. 지금은 한 시간 정도로 당겨지긴 했지만 아이들한테는 힘든 작업일 수 있는데, 힘들다는 얘기는 안 하더라고요.

오히려 다른 녹음 제의는 안 들어오는지 물어보기도 하고, 일을 더 하고 싶어 하더라고요. 뭐 열심히 잘 해주니까 저로서는 대견스럽고 고맙죠. 엄마로서 뿌듯하기도 하고요.

편 교육 사업 이야기도 들려주세요.

김 성우 아카데미를 굉장히 오랫동안 운영해왔어요. 사실 처음부터 아카데미를 하려고 했던 건 아니에요. 2001년 몇몇 학생들이 찾아와서 그룹과외처럼 소규모로 시작했는데, 처음에 가르친 4명 중에 2명이 KBS에 합격했어요. 합격률 50% 인거잖아요. 그다음에 5명이 또 찾아왔어요. 왔으니까 또 가르쳤죠. 2002년에는 그 5명 중에 1명이 KBS에 합격했죠.

그래도 성우 아카데미를 할 생각은 없었어요. 그땐 녹음도 너무 많았고, 방송 일 만해도 벅찬 상황이었죠. 그런데 가르치는 일을 하다 보니 저도 가르치는 재미를 느끼게 되더라고요.

그리고 매년 꾸준히 합격생이 배출되다 보니 입소문이 나서 학생들이 자꾸 늘어났어요. 그러다 어느 순간 교육을 계속할 거면 학원을 차려서 제대로 해야겠다고 생각하게 되었죠.

대원방송에 합격한 제자들과 함께

그래서 성우 아카데미를 시작하게 된 거예요.

지금 하는 교육사업도 똑같아요. 제가 사업을 하겠다고 생각한 적은 없었는데 요즈음 애니메이션을 보니까 어린아이들이 직접 애니메이션 녹음을 하더라고요. 제가 아카데미를 하고 있으니, 자연스럽게 어린이 성우과정을 방학특강으로 열면 괜찮을 거 같다는 생각이 들었죠.

그래서 일단 우리 딸들이랑 친구들, 사촌들을 불러서 샘플 강좌를 해봤어요. 아이들이 직접 애니메이션을 더빙해보는 강좌였는데 그때 깜짝 놀랐어요. 아이들이 처음에는 낯설어했

투니버스에 합격한 제자들과 함께

지만 조금만 끌어주니 금방 연기를 하는 거예요. 애니메이션 더빙에 곧 적응했고, 첫 작품을 너무나 그럴듯하게 만들어냈어요.

너무 대견해서 주변 사람들한테 보여줬더니 다들 애들이 처음 한 작품이 맞는지 놀라는 거예요. 그중에 방과 후 교실 선생님을 했던 학부모 한 분이 계셨어요. 그분이 이 영상을 보고는 '방과 후 수업으로 들어가면 참 좋겠다.'는 얘기를 했는데 그 얘기가 제 귀에 그대로 꽂힌 거죠. 방과 후 수업에 어린이 성우교실을 만들어야겠다는 생각이 온통 제 머릿속을 채웠어요. 그래서 그 길로 바로 사업을 시작하게 된 거예요.

어린이 성우교실 방과 후 사업을 시작한 게 2014년 봄이었어요. 그 후로 지금까지 제대로 숨 쉴 틈도 없이 달려왔어요. 방과 후 사업이 뭔지도 모르고 사업이라고는 '사'자도 모르던 제가 한마디로 제대로 걸려든 거죠. 이렇게 힘든 일일 줄은 몰랐어요.

하지만 벌써 5년이 되었고 이제는 어느 정도 자리를 잡아가고 있어요. 물론, 아직도 풀어야할 숙제는 많지만 지금은 200여 개 초등학교에서 약 4천여 명 정도의 학생들이 성우교실 수업을 듣고 있으니 그래도 한숨 돌리고 있는 거죠.

<편> 미래를 위해 준비하고 있는 프로젝트가 있나요?

<김> 저는 일단 성우 콘텐츠 관련 사업을 활성화 시키고 싶어요. 저희 프로그램이 어린이 방과 후 교실로 먼저 시작했지만 앞으로는 어린이뿐만 아니라 노인들을 대상으로 하는 실버산업에까지 영역을 넓히면 좋을 것 같아요.

더빙을 안 해본 분들은 잘 모르겠지만 더빙을 통해 얻어지는 많은 것들이 있어요. 성취감을 통해 느끼는 자기효능감이 올라가고요. 또 카타르시스를 느끼며 감정의 해소를 돕죠. 대리만족도 느낄 수 있어요. 그러면서 정신적인 치유가 돼요. 그

윤중초등학교
더빙 체험

래서 애니메이션 더빙 경험을 통해 성취감을 한 번 느낀 분들은 마치 중독된 것처럼 계속해서 하고 싶어 하죠.

지금까지는 성우들만이 누려왔던 더빙의 즐거움을 많은 사람들이 함께 느낄 수 있으면 좋겠다고 생각해요. 성우 콘텐츠를 힐링이나 자존감 높이기, 커뮤니케이션 스킬, 친화력이라는 아이템과 연계해서 사업을 진행해 보고 싶은 생각도 있어요.

그리고 언어 교정이라든가 발음 교정, 스피치 훈련을 받고 싶어 하는 사람들에게도 굉장히 큰 도움이 되기 때문에 이

보이스 투 보이스
성우 캠프 아이들과 함께

분야와 관련된 사업계획도 있고요. 여러 사람들이 같이 즐기고, 체험하고, 경험할 수 있는 방향으로 사업을 하고 싶은 생각이 있어서 계속 노력 중입니다.

청소년들의 진로와 직업 탐색을 위한
잡프러포즈 시리즈 05

목소리로
세상을 두드리는

성우

2017년 1월 23일 | 초판1쇄
2023년 6월 1일 | 초판8쇄

지은이 | 김지혜
펴낸이 | 유윤선
펴낸곳 | 토크쇼

편집인 | 박가영
디자인 | 김경희
마케팅 | 김민영

출판등록 2016년 7월 21일 제2019-000113호
주소 | 서울시 서초구 나루터로 69, 107호
전화 | 070-4200-0327
팩스 | 070-7966-9327
전자우편 | myys327@gmail.com
ISBN | 979-11-958749-9-6 (43190)
정가 | 15,000원